Couverture inférieure manquante

Début d'une série de documents
en couleur

PROGRAMME ET RÈGLEMENT
DES ÉTUDES

DE LA SOCIÉTÉ DE JÉSUS

(RATIO ATQUE INSTITUTIO STUDIORUM
SOCIETATIS JESU)

COMPRENANT LES MODIFICATIONS FAITES EN 1832 & 1858

TRADUCTION

PAR

H. FERTÉ

ANCIEN PROFESSEUR DE RHÉTORIQUE
ANCIEN CHEF D'INSTITUTION

PARIS

LIBRAIRIE HACHETTE ET Cie

79, BOULEVARD SAINT-GERMAIN, 79

—

1892

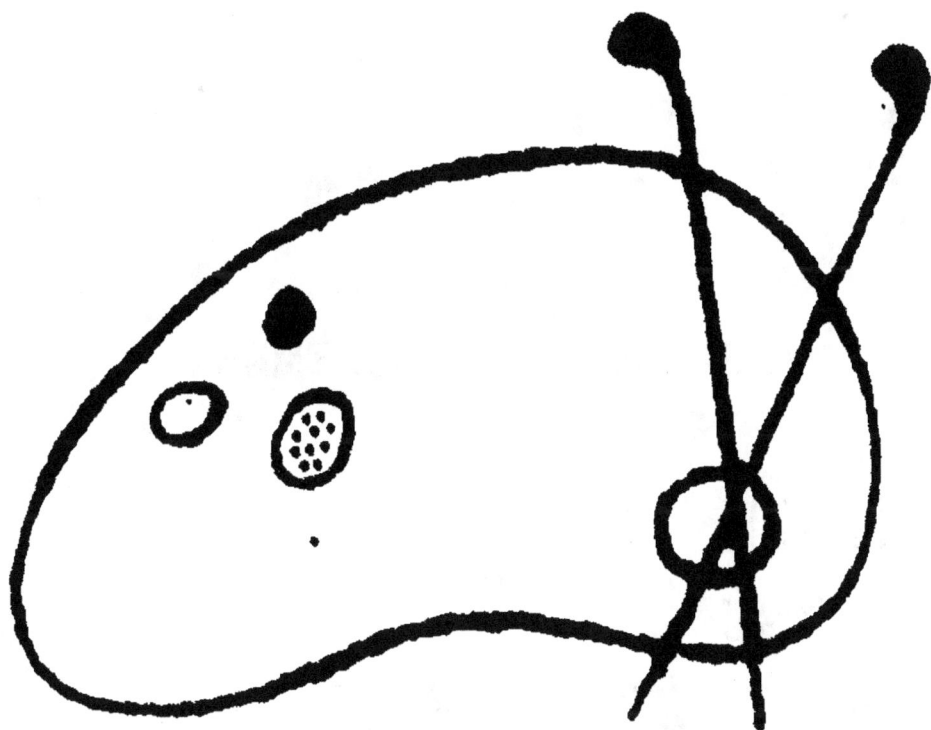

Fin d'une série de documents
en couleur

PROGRAMME ET RÈGLEMENT

DES ÉTUDES

DE LA

SOCIÉTÉ DE JÉSUS

DU MÊME AUTEUR

à la Librairie Hachette et Cⁱᵉ.

Des grades universitaires dans l'ancienne Faculté des arts, Détermi-
nance ou Baccalauréat, Licence et Maîtrise ès arts, brochure
in-8 .... » 50

*De la manière d'apprendre et d'enseigner (De ratione discendi et
docendi)*, conformément au décret de la XIVᵉ Congrégation générale par le R. P. Joseph Jouvency, de la Société de Jésus, traduction par H. Ferté. 1 vol. in-16, broché....... .... 1 fr.

L'élève de rhétorique au collège royal Louis-le-Grand de la Société
de Jésus, au xviiᵉ siècle (*Candidatus Rhetoricæ ad usum regii
Ludovici Magni collegii Societatis Jesu*), par le R. P. Jouvency, de la
Société de Jésus, traduction par H. Ferté. 1 vol. in-16, broché.. 1 fr.

Enseignement des jeunes filles.

Cours élémentaire de composition française à l'usage des jeunes
filles. Premiers sujets pratiques de style appropriés à chaque
saison, avec de nombreuses gravures et deux cents exercices de
grammaire, d'orthographe et d'invention.

(*Ouvrage honoré d'une souscription du Ministère de l'Instruction
publique.*)

Livre de l'élève. 1 vol. in-16, cartonné....... .... 1 fr. 20
Livre de la maîtresse. 1 vol. in-16, cartonné............... ... 1 fr. 80

Pour paraître prochainement : *Cours moyen.*
En préparation............... *Cours supérieur.*

Coulommiers. — Imp. P. BRODARD.

PROGRAMME ET RÈGLEMENT

DES ÉTUDES

DE LA SOCIÉTÉ DE JÉSUS

(RATIO ATQUE INSTITUTIO STUDIORUM
SOCIETATIS JESU)

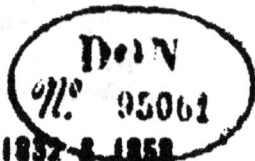

COMPRENANT LES MODIFICATIONS FAITES EN 1832 à 1858

TRADUCTION

PAR

H. FERTÉ

ANCIEN PROFESSEUR DE RHÉTORIQUE
ANCIEN CHEF D'INSTITUTION

PARIS

LIBRAIRIE HACHETTE ET Cⁱᵉ

79, BOULEVARD SAINT-GERMAIN, 79

—

1892

TABLE DES MATIÈRES

INTRODUCTION

PROGRAMME ET RÈGLEMENT DES ÉTUDES

DE LA SOCIÉTÉ DE JÉSUS

1616 — 1832 — 1858

AVANT-PROPOS

Voici un livre dont la fortune a été prodigieuse. Depuis trois cents ans il est la charte, le code scolaire obligatoire d'une puissante corporation religieuse; depuis trois cents ans il est répandu dans toutes les parties du monde; ce qu'il était il l'est encore, sauf quelques modifications qui n'en changent ni l'esprit ni le fond, *est ut fuit*. En France surtout, son action a été grande, elle l'est toujours, et ce livre, *Ratio atque institutio studiorum Societatis Jesu* (Programme et règlement des études de la Société de Jésus), n'est connu chez nous que de rares lettrés. C'est qu'il est en latin, et, chose inouïe, il n'a jamais été traduit dans notre langue. Il est curieux cependant, important à consulter, il n'a rien de secret, de mystérieux, c'est l'exposé tout simple de règles d'éducation, d'instruction qui n'ont pas mal réussi à la Société qui continue à s'en servir, et quelle que soit l'opinion de chacun sur l'enseignement des Jésuites, la pédagogie, qui est une science d'observations et de méthodes, n'a qu'à gagner à connaître celles qui ont eu le plus de renom et de succès. Le *Ratio studiorum* est de ce nombre, et il nous a semblé qu'à notre époque où la pédagogie est l'objet de recherches et de travaux considérables, la traduction française d'un document aussi important était utile et serait bien accueillie de tous ceux qui s'intéressent aux choses de l'enseignement. Nous l'avons donc entreprise sans aucun esprit de parti, nous tenons à l'affirmer, nous préoccupant uniquement de rendre aussi fidèlement, aussi exactement que possible le sens du texte latin, et laissant au lecteur le soin d'en apprécier la valeur. — Comme la théologie, complément des études chez les Jésuites, est étrangère à l'enseignement classique qui nous intéresse seul, nous la supprimons dans notre traduction, nous conformant du reste, en cela, au nouveau *Ratio* de 1832 qui ne reproduit pas ce chapitre.

En revanche, nous donnons toutes les modifications apportées à l'ancien règlement en 1832 et en 1858, et, pour qu'on puisse comparer les anciens articles avec les nouveaux, nous plaçons en petits caractères les nouveaux au-dessous des anciens. — En second lieu, nous faisons précéder notre traduction d'un historique du *Ratio* et d'un abrégé de l'organisation de la Société de Jésus; hiérarchie, collèges, personnel enseignant, classes, etc. Cet abrégé permettra de bien comprendre certains détails qui sans cela présenteraient quelques difficultés. — Rappelons enfin qu'en traduisant deux autres petits traités composés par le P. Jouvency, *De ratione discendi et docendi* (De la manière d'apprendre et d'enseigner) et *Candidatus rhetoricæ* (L'élève de rhétorique), nous donnons une sorte de trilogie pédagogique qui représente d'une manière complète l'enseignement secondaire dans les collèges de la Société de Jésus.

HISTORIQUE DU RÈGLEMENT DES ÉTUDES

Le **Règlement des études**, *Ratio studiorum*, qui est l'exposé longuement élaboré des méthodes et des règles en usage dans tous les établissements d'instruction de la Société de Jésus, compte deux époques distinctes : celle du généralat d'Ignace de Loyola (1541)[1], et celle du généralat de Claude Acquaviva (1584).

C'est dans la quatrième partie des Constitutions de l'Institut qu'Ignace de Loyola donna les premières instructions qui furent le fondement du *Ratio studiorum*. Ce travail incomplet avait besoin de nombreux remaniements, et de plus, le général Acquaviva, comprenant que l'intérêt de l'ordre entier était d'avoir, en ce qui concerne les études, un code à part, et de se conformer à une complète unité d'action et de pensée, entreprit de mettre

---

1. Ignace de Loyola, dont le véritable nom est Inigo Lopez de Reccalde, naquit en 1491, au château de Loyola, province de Guipuzcoa. Il appartenait à une des plus anciennes familles nobles d'Espagne; très brave, très ardent, il commença par être un brillant officier, mais, grièvement blessé au siège de Pampelune qu'il défendait contre les Français (1521), il fut forcé de quitter l'armée et se tourna vers la religion. Il se mit, à l'âge de trente-trois ans, à étudier le latin à Barcelone, la philosophie à Alcala, la théologie à Salamanque, et il vint terminer ses études aux collèges de Montaigu et de Sainte-Barbe à Paris.

C'est là qu'il s'attacha comme disciples, le Savoisien Lefèvre, le Portugais Rodriguez et ses compatriotes François-Xavier, Lainez, Salmeron, Bobadilla; et, le 15 août 1534, ayant gravi la colline de Montmartre à Paris, ils jurèrent de s'unir pour combattre l'hérésie, prêcher l'évangile en tous lieux, et instruire la jeunesse. Ce nouvel institut prit le nom de *Société de Jésus*. Ignace de Loyola mourut en 1556 et fut canonisé en 1622.

la dernière main au plan ébauché par Ignace de Loyola. Il réunit à cet effet, à Rome, à la fin de l'année 1584, six Pères Jésuites chargés de rédiger un commentaire détaillé du quatrième livre des Constitutions : Jean Azor représentait l'Espagne ; Gaspard Gonzalès le Portugal ; Jacques Tyrius la France ; Pierre Busée l'Autriche ; Antoine Guizon l'Allemagne, et Étienne Tucci l'Italie.

Ils consultèrent tous les documents, statuts et règlements d'instruction de la jeunesse alors en vigueur en Europe ; ils s'inspirèrent surtout des réformes et des progrès accomplis dans l'Université de Paris, et après avoir coordonné leur travail qui n'avait pas duré moins de neuf mois, ils le remirent au général Acquaviva. Ce dernier le fit encore reviser par douze Pères du collège romain : Fonseca, Coster, Moralès, Adorno, Cler, Dekam, Maldonat, Gagliardi, Acosta, Ribera, Gonzalez et Pardus. Une fois cette longue revision terminée, on publia, en 1586, une première édition du *Ratio* qui fut envoyée dans toutes les provinces de l'ordre, avec recommandation de l'expérimenter et de soumettre à Rome toutes les observations auxquelles elle pourrait donner lieu.

Elles abondèrent ; les PP. Gonzalès, Azor et Tucci, qui étaient restés à Rome pour les centraliser et les discuter, firent de nombreuses corrections à la première édition, et en publièrent, en 1591, une seconde qui elle-même ne fut pas exempte de récriminations, car le chapitre consacré au choix des opinions en théologie (*De opinionum delectu*) souleva de grandes difficultés. La doctrine de saint Thomas qui y était prescrite, à l'exclusion de toute autre, excita l'irritation des Dominicains ; ils dénoncèrent le *Ratio* à l'Inquisition ; le pape Sixte-Quint leur donna raison ; il défendit aux Jésuites de faire usage du livre, et le chapitre *De opinionum delectu* dut être supprimé dans une troisième édition. Cette fois encore, de nombreuses observations s'étant produites, la cinquième Congrégation générale prescrivit, en 1593, de nouveaux remaniements à la suite desquels se succédèrent les éditions de 1599 et 1603. Cette dernière annulant les précédentes devint définitivement le code classique accepté, invariablement observé dans toutes les provinces et n'ayant jamais subi jusqu'en 1832 que peu de modifications. Même à cette dernière époque, l'esprit général de l'ancien règlement a subsisté dans toute sa force, et les changements que nous indiquons d'une manière complète dans ce volume n'ont été admis par la vingt-troisième Congrégation générale que pour se conformer, dit-elle, aux besoins et aux progrès des temps présents.

RÉSUMÉ DES MODIFICATIONS FAITES EN 1832

Il n'est pas dans le nouveau règlement une partie quelconque des études qui n'ait subi des modifications, les unes assez profondes, d'autres moins importantes, il est vrai, mais nécessitées par les mœurs et les méthodes nouvelles dont il fallait tenir compte. L'esprit de l'enseignement n'a pas varié, néanmoins nous trouvons dans le nouveau règlement une allure plus libre et plus large; il est moins exclusif que l'ancien et ne s'attache pas comme lui, à des détails dont l'expérience n'a plus reconnu l'utilité.

Nous allons du reste examiner d'une manière sommaire les modifications que renferme sur chaque partie des études le nouveau règlement de 1832 qui est toujours en vigueur.

Enseignement primaire.

L'ancien Règlement ne s'occupait nullement des plus jeunes enfants; on n'apprenait pas dans les collèges de la Société à lire et à écrire; on n'était admis qu'en sixième, tandis que dans le nouveau Règlement [1] (p. 70, n° 8, § 10 ¹er), il est parlé des classes *abécédaires* et il est recommandé au Préfet des études de veiller avec soin à ce que les maîtres observent les règles établies pour ces petites classes.

Enseignement du français.

On sait que le latin a été chez les Jésuites la véritable langue et presque la seule en usage dans les collèges.

A peine tolérait-on, avant 1832, qu'en sixième, en cinquième, on expliquât les auteurs latins dans la langue maternelle. Le nouveau Règlement se montre plus large.

Le latin reste la langue officielle, mais la langue maternelle, que nous traduisons par langue française puisque notre traduction s'adresse à des Français, le français, disons-nous, peut être employé non seulement dans les classes de grammaire, mais encore en humanités et en rhétorique.

Le Provincial, dit le nouveau Règlement (p. 12, n° 23, § 2), veillera à ce que dans toutes les classes les élèves reçoivent une solide instruction dans la langue maternelle, c'est-à-dire en français. Dans les basses classes, ajoute le nouveau Règlement (p. 85, n° 12, § 2), on se servira pour l'étude du français de la même méthode que pour l'étude du latin. Or cette méthode consistait dans l'emploi de la grammaire. Celle en usage pour le latin était la grammaire obligatoire d'Emmanuel. Le nouveau Règlement (p. 12, n° 23, § 1) n'ordonne plus de s'en servir exclusivement; il recommande seulement d'en adopter une composée d'après les principes d'Emmanuel, et il ajoute : Cette grammaire sera divisée en trois parties. La première sera rédigée en français pour faciliter l'instruction des enfants.

Quant à l'obligation de parler continuellement latin, obligation

---

1. Les modifications que nous avons traduites sont tirées du nouveau Règlement in-16, imprimé par A. Mame, à Tours, en 1886. Les n⁰ˢ des pages que nous indiquons sont ceux du présent volume.

qui, anciennement, était absolue pour les maîtres et pour les élèves, à l'exception de ceux des basses classes, elle a été singulièrement restreinte dans le nouveau Règlement. « Les maîtres, y est-il dit (p. 86, n° 18), ne doivent parler latin qu'à partir de la plus haute classe de grammaire, et les élèves ne sont astreints à s'exprimer en latin que dans les concertations, pour l'explication des règles et la correction des devoirs. De plus, la dernière demi-heure de la classe est consacrée, matin et soir, au français et à ses accessoires. »

En humanités, l'ancien Règlement ne contient rien relativement à la langue maternelle; le nouveau, au contraire, s'en préoccupe beaucoup. Le maître, dit-il, ne regardera pas comme étranger à son devoir de parler français, s'il trouve que cette langue lui est plus utile que toute autre pour s'exprimer. Il fera des observations sur la langue française, ne se bornera pas, en humanités, à expliquer des auteurs grecs et latins, il expliquera encore des orateurs, des historiens et des poètes français (p. 105, n° 1); de plus, pour former les élèves au style et à l'usage du français, on donnera des sujets à traiter en français.

En rhétorique où tous les exercices étaient exclusivement en latin, des prélections, des déclamations d'après le nouveau Règlement (p. 103, n° 15) sont autorisées en français. Dans la grande salle d'actes où l'on prononçait des discours, où l'on débitait des vers toujours en latin ou en grec, le nouveau Règlement permet que ces discours et ces vers soient en français (p. 103, n° 16). Depuis 1832, l'usage du français est donc non seulement toléré dans les collèges des Jésuites, mais toutes les explications se font aujourd'hui dans notre langue; le latin n'est usité que pour les cours de philosophie.

Grammaire.

Nous avons déjà dit que la grammaire d'Emmanuel, toute rédigée en latin, et la seule autorisée jusqu'en 1832, n'était plus, d'après le nouveau Règlement, obligatoire dans les collèges ; que de plus, les professeurs étaient libres de choisir celle qui leur convenait, et que la première des trois parties dont elle se compose devait être rédigée en français. Ajoutons qu'actuellement les grammaires dans les collèges de la Société ne sont plus en latin, mais complètement en français.

Rhétorique.

Il en était autrefois de la rhétorique comme de la grammaire, une seule rhétorique était admise dans les collèges, c'était celle de Cyprien Suarez (A. R., p. 105, n° 1) [1]. Le nouveau, en parlant de la rhétorique, non seulement n'impose pas le livre de Cyprien Suarez, mais il n'en parle même pas, laissant aux professeurs la liberté de prendre tout ouvrage à leur convenance (p. 106, n° 1).

Récitation.

Comme récitation d'un auteur latin on n'avait qu'un auteur dans toutes les classes, Cicéron (A. R., p. 105, n° 2). On ne saurait certainement mieux choisir, mais l'obligation était trop étroite. C'est ce qu'ont compris les réformateurs de 1832 et sans indiquer aucun auteur particulier, ils se contentent de recommander, tous les matins, la récitation d'un auteur latin (N. R., p. 106, n° 2).

Langues vivantes.

Les langues étrangères autres que le latin et le grec, et les langues vivantes avaient et ont encore une grande importance pour les Jésuites dont la vocation ne se borne pas à l'éducation

---

1. Nous désignons l'ancien règlement par A. R., et le nouveau par N. R. Les n° des pages sont toujours ceux du présent volume.

de la jeunesse, mais encore à la prédication dans les pays étrangers, et à la conversion des hérétiques, des infidèles habitant l'Asie, l'Afrique, l'Amérique. C'est pourquoi l'étude de l'hébreu, du chaldéen, du syriaque est sérieusement recommandée dans l'ancien Règlement (A. R., p. 2, n° 7) ; le nouveau y ajoute l'indien et l'arabe (N. R., p. 2, n° 7).

Histoire et Géographie.

Ces deux parties essentielles de toute instruction sérieuse sont passées sous silence dans l'ancien Règlement, ou bien on ne les étudie que comme *accessoires*, mais le nouveau sans entrer dans de grands développements à ce sujet, sans donner de programme, en reconnaît l'importance. « Elles sont, dit-il, le complément de toute bonne éducation, et il recommande aux Provinciaux d'en propager l'étude dans toutes les classes, et de s'y livrer autant que le permettront les circonstances et les tendances des pays où l'on se trouvera » (N. R., p. 12, n° 23, § 3).

Tragédies, Comédies.

L'ancien Règlement permettait des représentations de tragédies et de comédies (A. R., p. 20, n° 13). « Elles doivent être rares, dit-il, le sujet en sera toujours pieux et tiré de l'Écriture sainte ; elles seront en latin et l'on n'y introduira aucun personnage féminin. » Malgré toutes ces restrictions, l'histoire de l'éducation chez les Jésuites constate que ces représentations théâtrales n'étaient pas rares, et le R. P. Jouvency en parle longuement dans son petit traité de la manière d'apprendre et d'enseigner (voir notre traduction, p. 55).

Le nouveau Règlement a supprimé ce chapitre ; néanmoins, si nous nous en rapportons à l'histoire d'un collège breton (collège de Vannes), par Fernand Butel, nous voyons, p. 478, qu'à la fête du Supérieur on jouait presque dans ces derniers temps au collège, des tragédies, des comédies, voire même de petits opéras-comiques, tels que *Si j'étais roi*, *Richard Cœur de lion*, etc.

Mathématiques.

Les sciences exactes, à l'époque où l'ancien Règlement fut rédigé, n'étaient pas plus chez les Jésuites que dans l'Université une partie importante des études. Elles ne comprennent dans l'ancien Règlement que les éléments d'Euclide et quelques notions de sphère. Le cours n'avait lieu que tous les deux jours, encore ne durait-il que trois quarts d'heure.

Les choses sont bien changées, et le nouveau Règlement, se conformant du reste aux progrès des sciences, indique pour les élèves de première année de philosophie des cours d'algèbre, de géométrie, de trigonométrie plane; on y voit également les sections coniques.

En deuxième et troisième année de Philosophie sont institués des cours de géométrie analytique, de calcul différentiel et intégral (N. R., p. 63, nos 41 et 42).

Actuellement, les mathématiques sont aussi développées dans les collèges de Jésuites que dans les établissements de l'Etat.

Physique, chimie, histoire naturelle.

Il en est de la physique dans l'ancien Règlement comme des mathématiques. On se bornait autrefois aux livres d'Aristote sur le *Ciel* et la *Génération*.

Dans le nouveau Règlement, au contraire, on se tient au courant des progrès de la science; et depuis 1832, l'enseignement chez les Jésuites n'est pas resté en arrière des découvertes modernes. La mécanique, la dynamique, l'hydrostatique, l'hydraulique, l'aérostatique, la pneumatique, l'astronomie, la lumière, la chaleur, l'électricité, le magnétisme, les météores sont l'objet de cours spéciaux.

La chimie, l'histoire naturelle y sont également enseignées, et le nouveau Règlement mentionne tous ces cours (N. R., p. 64, n°ˢ 37 et 38).

Philosophie.

La Philosophie dans l'ancien comme dans le nouveau Règlement a conservé son caractère spécial de préparation à la Théologie, qui, pour la Société de Jésus, est la science par excellence. Dans les deux codes d'enseignement elle dure trois ans, mais elle est entendue dans un sens bien plus large dans le nouveau code que dans l'ancien. Depuis 1832, il n'est plus question d'Aristote qui autrefois était le seul maître ; le professeur est libre de suivre l'auteur qui lui convient, à condition toutefois de ne pas s'écarter de la foi orthodoxe, et de respecter la doctrine de saint Thomas. Les sciences exactes y occupent, comme nous l'avons vu précédemment, une place importante. Aristote qui, même pour la physique, était le seul guide, n'est plus même mentionné dans le nouveau Règlement.

Il en est de même pour la métaphysique qui maintenant est conforme non plus à la doctrine aristotélicienne, mais aux travaux des philosophes chrétiens modernes. C'est en métaphysique que le Règlement de 1832 place la psychologie dont l'ancien ne soupçonnait même pas l'existence.

En logique, tout est changé. Au lieu des catégories d'Aristote, du deuxième livre de l'interprétation, des deux livres des premiers analytiques du même Aristote, on traite des idées, de leur origine, de leurs caractères ; du jugement, du vrai, du faux, des règles générales de la critique, etc.

Mais ces progrès en philosophie n'ont pas paru suffisants à la Société de Jésus, car en 1858, le R. P. Beckx, Général de l'Ordre, prenant en considération les observations des Provinciaux réclamant une instruction philosophique plus forte et plus solide, reconnaissant en outre que cette science devait être traitée avec plus de largeur qu'autrefois, s'entoura de conseils éclairés et rédigea un programme qu'approuva la Congrégration générale. Nous en donnons une traduction aussi fidèle que possible. Ce programme modifie en beaucoup de points celui de 1882; il développe ce qui concerne la logique, la philosophie morale et introduit des chapitres fort intéressants sur la métaphysique générale et la métaphysique spéciale. C'est une philosophie savante, tout en ayant comme base la foi et la religion. Nous avons hésité à comprendre dans notre travail cette partie de la philosophie qui est en dehors des études que l'on aborde dans nos collèges, cependant, pour donner une idée exacte de la doctrine moderne des Jésuites à cet égard, nous avons traduit le Règlement du R. P. Beckx, tout en réclamant l'indulgence du lecteur si nous ne rendons pas, aussi bien que nous le désirons, les nuances assez souvent insaisissables du texte latin; quant aux questions de métaphysique que le P. Beckx défend aux professeurs d'enseigner, nous croyons inutile de les reproduire; elles n'intéressent nullement la pédagogie scolaire, et l'on s'exposerait en en donnant la traduction à commettre de graves erreurs.

Théologie.

Cette science était pour saint Ignace la seule grande et réellement importante. Toutes les parties de l'ancien Règlement et surtout la philosophie n'avaient pour but que de préparer à la théologie et d'assurer par là à la Société de Jésus des sujets imbus des idées de son fondateur, et dignes d'y entrer. Vingt-cinq pages sont consacrées dans l'ancien code de l'enseignement à donner les règles du professeur de théologie scolastique, du professeur de cas de conscience, et à énumérer les questions tirées des trois parties de la Somme de saint Thomas, ainsi que les questions relatives aux sacrements du Baptême, de l'Eucharistie, de la Pénitence et du Mariage.

Nous n'examinerons pas cette partie de l'ancien Règlement

qui de nos jours est complètement étrangère aux études d'enseignement secondaire. Néanmoins, nous remarquons que le nouveau Règlement comprend au sujet du programme de théologie de notables modifications. Il supprime la longue liste des questions tirées de saint Thomas ainsi que celles relatives aux sacrements que nous avons indiqués plus haut; il supprime encore le chapitre des règles du professeur de cas de conscience.

Le titre de *théologie scolastique* a même été modifié; le mot *Scolastique* a disparu, indiquant par là que la Scolastique n'est plus comme autrefois souveraine maîtresse dans l'enseignement philosophique.

Corrections, châtiments corporels.

L'ancien Règlement admettait les châtiments corporels : « On nommera, dit-il (p. 76, n° 38), un correcteur pris en dehors de la Société, qui châtiera ceux qui, sous le rapport de la diligence, de la moralité, ont fait une faute grave. Si l'on ne peut trouver de *correcteurs*, on prendra un *Scolastique*; on ne frappera pas en classe, si ce n'est pour des motifs graves. »

Le nouveau Règlement n'admet que difficilement l'office du correcteur, et il le remplace par des punitions sévères, des conseils, etc. (N. R., p. 76, n° 38).

Assistance aux supplices.

L'ancien Règlement, tout en défendant d'assister aux supplices, faisait cependant exception pour les supplices des hérétiques (A. R., p. 133, n° 13).

Le nouveau n'admet pas cette exception (N. R., p. 133, n° 13) et ne s'occupe nullement de cette question.

Vacances.

D'après l'ancien Règlement, les vacances étaient d'inégale durée, suivant les classes.

La rhétorique, y est-il dit (p. 15, n° 37, § 1), aura un mois de vacances, à moins que la coutume du pays n'oblige de faire un changement.

La classe d'humanités aura trois semaines de vacances; la plus haute classe de grammaire deux semaines, et les autres classes une semaine.

Le nouveau Règlement (p. 15, n° 37, § 1) a réformé dans une large mesure la durée des vacances. Pour les classes supérieures elles sont d'un mois au moins, et de deux mois au plus; pour toutes les autres classes, elles durent un mois.

Académies.

Les *Académies* ou réunions d'élèves choisis parmi les plus avancés avaient une grande importance chez les Jésuites comme moyen d'émulation.

Il y avait des académies de théologiens, de philosophes, de rhétoriciens, d'humanistes, et de grammairiens.

Celles de théologiens et de philosophes, les plus importantes de toutes, sont toutes différentes dans l'ancien et le nouveau Règlement.

Dans l'ancien, la tenue des séances, la discipline, les formalités à remplir, sont seules en cause.

Dans le nouveau, outre la discipline, on y parle des questions à traiter, et l'on constate une liberté de discussion, et une direction pour les travaux à présenter qui manquent dans l'ancien Règlement. Ainsi : une question étant posée, deux académiciens argumentent pour et contre, mais chacun d'eux a la liberté de penser, de parler et de soutenir son opinion (N. R., p. 139, n° 3).

Pour lui donner plus de facilité, on l'autorise à laisser de côté la forme scolastique, et à s'exprimer en français. Cette liberté de ne plus parler latin est toute une révolution dans l'enseignement des Jésuites. Elle constate un progrès qui s'accentue du reste de plus en plus, car actuellement le français est la seule langue en usage dans les collèges.

L'ancien Règlement renfermait un chapitre consacré aux règles du Préfet de l'académie des théologiens et des philosophes. Ce chapitre est supprimé dans le nouveau.

Il a du reste peu d'importance, car on n'y parle que de formalités insignifiantes.

Circulaire du R. P. Roothan, général de la Société de Jésus, aux Provinciaux, aux Recteurs des collèges, aux Préfets des études et aux professeurs relativement aux modifications faites à l'ancien règlement.

Après le rétablissement de notre Société, les Provinces ayant demandé que le Règlement de nos études fût approprié au temps présent, et l'expérience ayant démontré que des modifications étaient nécessaires, la dernière Congrégation générale s'est occupée de réaliser le vœu des Provinces; des modifications ont été faites à l'ancien Règlement; nous vous les adressons, RR. PP., et nous vous proposons de les mettre à l'épreuve, afin qu'on puisse porter remède aux imperfections que vous auriez à signaler, remplacer ces modifications par de meilleures, si c'est utile, et ajouter même certaines règles en rapport avec le temps où nous vivons. Le travail que nous vous soumettons, est dû, comme vous le savez, à quelques RR. PP. choisis dans nos provinces; nous les avons appelés à Rome pour coordonner les observations recueillies par eux-mêmes, préparer et proposer les modifications utiles à introduire, et c'est après les avoir nous-mêmes soigneusement examinées, discutées avec nos RR. PP. assistants que nous vous priions d'en faire l'essai pour qu'à la suite de nouvelles corrections, si elles sont nécessaires, elles aient enfin dans toute la Société force de loi. Ce que nous avons entrepris est chose grave et difficile entre toutes, car elle exclut toute légèreté et toute précipitation. Dans la circulaire envoyée aux Provinces où nous vous informions de la mission confiée à certains PP. pour préparer les documents nécessaires à nos travaux, nous avons spécifié qu'il n'était pas question de publier un nouveau Règlement, mais seulement d'approprier l'ancien au temps présent; et vous comprenez, disions-nous, avec quel respect on doit procéder dans ce travail où rien n'est à changer à la légère, de ce qui a été élaboré, après de longues et nombreuses conférences, par des hommes éminents, alors surtout que l'expérience de presque deux siècles a prouvé l'excellence de ces règles dont les ennemis même de notre Société ont fait souvent le plus grand éloge.

Mais, depuis cinquante ans et plus, de nombreuses innovations ont été introduites dans l'éducation de la jeunesse et dans les études. Pouvions-nous et devions-nous les adopter dans nos collèges? Les nouvelles méthodes, qui bien souvent se contredisent dans la pratique et dans l'enseignement des sciences, pouvaient-elles être pour nous une règle à suivre?

Quel homme bien pensant ne déplore profondément ces innovations qui ont causé à l'Église et à l'État des troubles et de si tristes résultats!

A première vue, dans l'enseignement supérieur, ces innovations paraissent merveilleuses; examinez-les, elles n'ont rien de solide. C'est une exubérance indigeste d'érudition qu'accompagne très peu de raisonnement juste et clair. A l'exception des mathématiques et de la physique, les sciences dans ces derniers temps n'ont pas fait de véritables progrès; tout s'agite dans une extrême confusion, et les gens de bien gémissent de ne pouvoir, très souvent, distinguer de quel côté se trouve la vérité. L'étude de la logique et d'une sévère dialectique est presque méprisée. De là, des erreurs commises même par des hommes d'un esprit cultivé. C'est ainsi que malheureusement on admet comme vrai et que l'on vante hautement ce qui ne s'appuie sur aucune raison sérieuse, sur aucune définition, aucune distinction bien établies. Qu'en résulte-t-il? c'est que les jeunes gens pourvus de connaissances philosophiques imparfaites, se trouvent sans défense contre les sophismes des novateurs et ne savent pas distinguer le vrai du faux. De là, les erreurs les plus absurdes et dignes d'exciter plutôt le rire que d'être réfutées. Néanmoins, elles s'emparent des esprits, les enlacent comme dans un filet, à moins qu'on ne les démasque et qu'on n'en démontre la fausseté.

Que dirai-je des classes inférieures? On ne s'y attache qu'à une seule chose, apprendre le plus de choses possible, dans le moins de temps possible, et en travaillant aussi peu que possible. Très bien, mais cette multiplicité de connaissances ne fait qu'effleurer l'esprit des enfants au lieu d'y pénétrer; et qu'en résulte-t-il? c'est que les élèves ont l'air d'être très savants, et en réalité ils ne connaissent rien sérieusement. Ils augmentent la foule de ces demi-savants également funestes pour la science et pour l'État. Connaître un peu de tout se réduit à ne rien savoir réellement. Ce n'est pas en faisant à la hâte ses humanités que de tout jeunes gens dont l'intelligence n'est pas encore dégrossie, pourront aborder l'étude si sérieuse et si difficile de la philosophie et des sciences supérieures; ils n'en retireront presque aucun profit, et séduits par l'usage d'une plus grande liberté, ils seront entraînés au mal. Bientôt, nous les verrons honorés du titre de docteurs, mais, disons-le avec autant de bienveillance que possible, ce seront des docteurs prématurés.

Ces méthodes nouvelles que l'on regarde comme offrant de grands avantages parce qu'elles sont faciles, sont désastreuses par cela même; car les connaissances acquises sans peine ne pénètrent pas dans l'esprit, et elles sont bientôt oubliées. De plus, chose encore plus grave et à laquelle on ne songe pas,

en procédant ainsi, l'enfant perd l'habitude de s'appliquer à
l'étude dès ses plus tendres années, point capital en fait d'éducation ; tout travail demande qu'on se fasse violence ; l'enfant
ne s'habitue plus au travail qui apaise et maîtrise à tout âge
les mauvaises passions. C'est ce qu'ont compris les hommes
sages, et l'Esprit Saint nous l'enseigne quand il dit : Il est bon
que l'homme dès sa jeunesse s'habitue à porter le joug.

Nous ne pouvions donc pas introduire dans nos collèges ces
innovations aussi nombreuses que nuisibles à l'Église et à
l'État, à moins de vouloir détourner notre Société du but où
visent les travaux de nos classes, travaux qui ne consistent pas
seulement dans l'étude des belles-lettres, mais encore dans
l'instruction chrétienne de la jeunesse, sans laquelle (une longue
et triste expérience l'a surabondamment prouvé) toute science
et toute érudition est plus nuisible qu'utile.

Mais si nous ne devons pas admettre ces nouvelles méthodes
contraires à une bonne instruction, et au but de notre Société ;
si nous ne pouvons donner satisfaction aux amateurs de nouveautés, alors même que nous le pourrions, parce que la plupart de ces novateurs proposent des choses qui sont en désaccord avec elles-mêmes et s'écartent de ce qui a été admis de
tout temps, cependant, quand ces innovations ne blessent en
rien ce qui constitue une bonne instruction, nous ne devons
plus persister dans ce qui était en usage chez nos pères, et cela
ne nous est pas seulement permis, mais nous nous conformons,
en agissant ainsi, au règlement de notre Institut, et à ce qui
contribue à la plus grande gloire de Dieu.

En ce qui concerne les études supérieures, il est une foule
de questions qui autrefois n'étaient pas même controversées et
qui, à notre triste époque, donnent lieu aux plus vives attaques.
Notre devoir est de les appuyer sur de solides arguments, afin
que la vérité ne soit pas atteinte dans ses fondements. D'un
autre côté, que de questions traitées autrefois beaucoup plus
comme exercices intellectuels que dans le but de confirmer telle

ou telle vérité et qu'il est utile maintenant de passer sous silence! Ce qui est nécessaire maintenant c'est d'insister sur les connaissances qui sont comme le pivot de toutes choses, et de discuter, de réfuter, à l'aide de la lumière de la vérité, ce que des impies, des hommes pervers, ont imaginé pour provoquer le doute dans des questions où cependant brillent le plus la clarté et la certitude.

Si les temps étaient meilleurs, on pourrait suivre ses goûts, et s'attacher à des questions moins utiles, mais aujourd'hui que le champ des études est plus vaste, il faut se borner à ce qui est le plus nécessaire. Nous pouvons désirer apporter quelques remèdes à tous ces maux, mais c'est à peine si nous osons espérer réussir.

Plus que par le passé, on doit aujourd'hui étudier la physique et les mathématiques. Notre Société n'a du reste jamais regardé cette étude comme lui étant étrangère; il ne nous est pas permis de négliger des sciences qui ont à notre époque une si grande importance, et sans lesquelles les académies de notre Société ne sauraient soutenir leur honneur et répondre à ce qu'on attend d'elles. De ce qu'un grand nombre de personnes ont abusé de ces sciences, au grand détriment de notre sainte religion, il ne s'ensuit pas que nous devions nous abstenir de les étudier. Il est au contraire de notre devoir de nous y attacher avec d'autant plus d'ardeur que nous pouvons ainsi enlever à nos ennemis des armes dont ils se servent pour attaquer la vérité, et dont nous nous servirons pour la défendre.

Partout en effet et dans toutes les sciences, la vérité est une, et se montre toujours la même. Il est impossible que ce qui est vrai en physique et en mathématiques soit jamais en désaccord avec une vérité d'un ordre plus élevé, à moins qu'on n'impose comme vrai et indubitable ce qui n'est que fiction et affirmation téméraire. Dévoiler et anéantir les artifices des impies en cultivant la physique et les mathématiques est l'étude la plus digne d'un chrétien et d'un religieux.

Enfin, dans les classes inférieures, il a fallu veiller à ce que l'on consacrât quelque temps à certaines parties qu'il était utile d'ajouter au programme des études; à ce qu'on s'occupât surtout plus que par le passé de la langue et de la littérature nationales, tout en conservant cependant comme étude prépondérante les littératures grecque et latine.

Elles sont en effet, de nos jours, commes elles l'ont toujours été, la source de toute bonne instruction, et de toute bonne littérature; elles nous offrent les modèles les plus parfaits de ce qui constitue le beau, et si nos yeux et notre esprit s'y arrêtaient davantage, on ne verrait pas des hommes qui, nous l'avouons, ont du talent, produire en nombre qui augmente de jour en jour, des ouvrages où le style n'est pas moins nouveau et singulier que les idées et les systèmes. Ils excitent, il est vrai, l'étonnement et la stupeur, mais les personnes sages et tous ceux qui ont le sentiment de la véritable beauté littéraire voient dans ces œuvres les signes évidents de la dépravation de l'éloquence, suite nécessaire de la dépravation morale de notre siècle. Ils déplorent de telles productions et en gémissent.

Les modifications apportées au Règlement des études ont donc pour objet de répondre aux besoins du temps présent, tout en s'éloignant le moins possible de la bonne et solide instruction de la jeunesse.

Reste maintenant, RR. PP., à mettre en pratique avec soin et avec zèle le Règlement modifié que nous vous adressons. Quoique certaines de ces modifications ne soient que temporaires, jusqu'à ce que l'expérience ait montré ce qu'il faut peut-être changer, ajouter ou supprimer, néanmoins on ne pourrait porter sur leur valeur un jugement certain si l'on n'en faisait l'essai qu'avec mollesse et indifférence, parce qu'elles ne sont pas définitives.

C'est pourquoi, nous recommandons instamment aux Supérieurs de se hâter d'en faire usage, de désigner dans chaque collège ceux qui doivent observer leur succès plus ou moins grand, indiquer les imperfections que ces modifications peuvent présenter dans certaines parties, et les améliorations que l'on peut y faire; les Provinciaux nous transmettront toutes ces observations avec les considérations et les critiques qui ont été faites à ce sujet, de concert avec leurs conseillers. Et puisque, de jour en jour, les nouveaux systèmes qui surgissent, surtout en matière de philosophie, doivent éveiller notre vigilance, nous pensons qu'il est urgent de faire ce que prescrit la première Congrégation réunie après le rétablissement de notre Société, c'est-à-dire que les Provinciaux doivent proposer à notre approbation le tableau des idées et des systèmes à exclure de notre enseignement. Chacun de nous, suivant la position qu'il occupe dans notre Société et la charge qui lui est attribuée, se mettra donc à l'œuvre si importante de l'éducation de la jeunesse. Songeons que cette œuvre est une des plus importantes de notre ministère, et que c'est en considération de cette œuvre que Pie VII, de sainte mémoire, a voulu que notre Société fût rétablie, que des princes et les peuples ont demandé surtout ce rétablissement. Pensons combien nous devons avoir à cœur de répondre à ce que l'Église et l'État attendent de nous. Prouvons, ce qui est notre premier devoir, notre zèle à Dieu de toute bonté et de toute puissance, à Dieu à qui je n'ai pas cessé et je ne cesserai pas d'offrir les milliers de sacrifices que renferme le trésor de la Société de Jésus, et de le supplier d'assurer le succès d'une si grande œuvre. C'est dans ce but que je vous exhorte, RR. PP., à unir vos prières aux miennes auprès du Seigneur.

Rome, 25 juillet 1832.

Nota. — Après l'envoi de cette circulaire, les modifications proposées ont été examinées dans toutes les provinces de la Société et le texte dont nous donnons la traduction est celui qui a été et est encore définitivement adopté. — Observons toutefois que de nouvelles modifications au sujet de la philosophie ont été faites par le R. P. Beckx, Général de l'ordre en 1858. — Nous en donnons également ment la traduction à la suite du chapitre concernant la philosophie.

ORGANISATION DE LA SOCIÉTÉ DE JÉSUS

Le R. P. de Ravignan définit la Société de Jésus [1] : un corps religieux voué aux travaux apostoliques, aux missions dans tous les pays infidèles, ainsi que parmi les nations civilisées; au ministère des âmes sous toutes ses formes; à la chaire, au confessionnal, à l'*éducation de la jeunesse*, à la défense de l'Église et de la foi. Telles sont, dit le R. P. de Ravignan, les devoirs qui ont rempli la vie de nos Pères et qui remplissent la nôtre.

De tous ces devoirs, nous n'en retiendrons qu'un, l'éducation de la jeunesse : c'est par l'éducation, l'enseignement, que les Jésuites ont pénétré partout, qu'ils ont propagé leur esprit, leur doctrine, et qu'ils ont acquis et conservé une grande influence dans la société moderne.

Les trois ouvrages latins dont nous donnons la traduction [2] offrent l'ensemble complet de l'enseignement des Jésuites. Mais beaucoup de détails seraient insuffisamment compris, si l'on n'avait quelques notions de l'organisation de ce vaste corps. C'est pourquoi nous croyons utile de faire précéder notre traduction d'un tableau succinct des conditions à remplir pour devenir Jésuite.

1. R. P. de Ravignan. — *De l'existence de l'Institut des jésuites*, 3e édition, p. 22.

2. Ces trois ouvrages sont : 1° *Ratio atque institutio studiorum Societatis Jesu* (Programme et règlement des études de la Société de Jésus). — C'est le volume dont nous donnons ici la traduction;

2° *De ratione discendi et docendi* (De la manière d'apprendre et d'enseigner), par le R. P. Jouvency;

3° *Candidatus rhetoricæ* (L'élève de rhétorique au collège royal de Louis-le-Grand de la Société de Jésus, au XVIIIe siècle), par le R. P. Jouvency.

Comment on devient Jésuite.

N'entre pas qui veut dans la Société de Jésus ; pour y être admis, il faut beaucoup de temps, de patience, de savoir et une vocation affirmée par de longues et dures épreuves.

Noviciat.

Les Jésuites, qui reçoivent maintenant dans leurs collèges les enfants fréquentant les basses classes, ne donnaient pas autrefois l'enseignement élémentaire. Ce soin était confié aux frères de la doctrine chrétienne. Il est du reste utile d'observer, avant d'entrer plus profondément dans le sujet, que suivant les intentions de saint Ignace de Loyola, les collèges, dans le principe, étaient spécialement destinés à élever les jeunes gens qui devaient entrer dans la Société de Jésus.

On n'admettait pas les postulants avant l'âge de quatorze ans ; on les appelait *novices* et c'est encore le nom qu'on leur donne aujourd'hui. Les conditions du *noviciat* n'ont pas changé. Les *novices* passent d'abord comme *hôtes* une quinzaine de jours dans la maison du *premier noviciat*, on y étudie leur caractère, leur aptitude aux différentes fonctions qui pourront leur être confiées ; on examine si leur extérieur, leur tenue, leur santé permettent d'en faire des membres utiles à la Société. Si ce premier examen leur est défavorable, on les renvoie immédiatement ; si l'on juge, au contraire, qu'ils conviennent, suivant le terme des Constitutions, au service de Dieu et de N.-S. J.-C., on les admet définitivement comme *novices*, et ils passent, dans une profonde retraite, deux années entières dans la maison du *deuxième noviciat*.

Pendant ce temps, dit le P. de Ravignan, toute étude leur est interdite. La prière, les méditations prolongées, la réforme des penchants pervers de la nature, la lutte journalière contre l'amour des vains honneurs et des fausses jouissances, la pratique d'une vie tout intérieure remplissent complètement le temps du *second noviciat*.

Au bout des deux ans, le novice prononce les trois vœux simples, de pauvreté, d'obéissance et de chasteté qui le lient pour toujours à la Société, mais qui n'engagent nullement la Société envers lui.

On distingue trois sortes de novices :

1° Ceux qui n'ont qu'une instruction très élémentaire mais qui montrent, disent les Constitutions (chapitre XII), de l'amour pour la vertu et du goût pour la dévotion. Ils remplissent les fonctions de cuisinier, de dépensier, de portier, d'infirmier, de jardinier, etc., ils ne sont autre chose que des domestiques honorés dans la Société du nom de *coadjuteurs temporels*;

2° D'autres entrent dans le noviciat avec l'intention de servir la Société indifféremment comme domestiques ou comme prêtres. Ce sont les *indifférents* et ils restent ainsi à la disposition des supérieurs;

3° D'autres enfin ont les aptitudes reconnues pour la prêtrise, et les fonctions qu'ils pourront remplir comme prédicateurs, missionnaires, enseignants, etc.; ce sont eux qui sont appelés à former véritablement la Société de Jésus dont ils seront la force et la gloire.

Les Scolastiques.

Après avoir prononcé ses vœux, le novice qui désormais appartient à la Société, et qui doit avoir déjà fait ses études jusqu'à la rhétorique exclusivement, entre dans cette dernière classe où il reste pendant deux ans.

Il échange le titre de novice contre celui de *Scolastique approuvé* (Scolasticus approbatus) et fait partie des écoliers propres de la Société.

Ce sont les *Scolastici nostri*, pour ne pas les confondre avec les écoliers du dehors qui viennent au collège.

Les deux années de rhétorique sont suivies de trois années,

et quelquefois plus, consacrées à la philosophie, aux sciences physiques, et aux mathématiques.

Vient ensuite ce que les Jésuites nomment la *Régence*, c'est-à-dire l'enseignement classique dans un collège. On fait en sorte, dit le P. de Ravignan, que le jeune professeur, commençant par une classe de grammaire, avance avec ses élèves jusqu'à la *Philosophie* et parcoure ainsi tous les degrés du professorat.

Vers l'âge de vingt-huit ans, le religieux Jésuite est envoyé en théologie. Cette étude, avec celle de l'Écriture sainte, du droit canonique, de l'histoire ecclésiastique et des langues orientales occupe quatre années et quelquefois six pour ceux qui montrent des dispositions particulières.

Après des examens multiples et sérieux, le *Scolastique approuvé* prend le titre de *Scolastique formé*; il est ordonné prêtre, et le sacerdoce ne lui est guère conféré avant trente-deux ou trente-trois ans.

Ses études sont alors terminées, et s'il a réussi jusque-là dans les examens annuels, il subit un *examen général* sur l'universalité des sciences philosophiques, physiques et théologiques; s'il obtient dans ce dernier examen trois suffrages favorables au moins sur quatre (condition nécessaire), il est déclaré apte à être *Coadjuteur spirituel formé* ou bien à être *Profès*.

Toutefois l'admission définitive n'a lieu qu'après un nouveau noviciat ou troisième année d'épreuves.

Pendant un an, le Coadjuteur spirituel formé entre dans la maison de *Probation*; il renonce à toute étude, à tout rapport avec le monde extérieur, et il n'est appelé au *grade* qu'après le jugement favorable porté sur lui par le Général des Jésuites. On entend par *grade* l'autorisation de prononcer les vœux publics et solennels de *Coadjuteur spirituel* ou de *Profès*, car tout en étant égaux, il y a néanmoins une distinction à faire entre les *Coadjuteurs spirituels* et les *Profès*.

Les Profès sont hiérarchiquement plus élevés que les Coadjuteurs spirituels; ces derniers sont soumis aux Profès, de même que dans un régiment le sous-lieutenant est soumis au lieutenant.

Les Coadjuteurs spirituels et les Profès prononcent les mêmes vœux publics et solennels d'obéissance, de pauvreté et de chasteté devant le Général de la Société ou son délégué, mais, à ces trois vœux, les coadjuteurs spirituels en ajoutent un quatrième par lequel ils s'engagent à se vouer par obéissance à l'instruction de la jeunesse.

C'est parmi eux que l'on prend les Recteurs et les Procureurs des collèges.

Quant aux Profès, il en est de deux sortes :

1° Les Profès des trois vœux dont nous avons parlé plus haut ;

2° Les Profès qui, par un quatrième vœu, s'engagent à une obéissance spéciale au souverain pontife en ce qui regarde les missions.

Ces derniers Profès sont les parfaits Jésuites, aussi les appelle-t-on les *Nôtres, nostri.*

Les Profès des deux sortes sont peu nombreux ; ils ne forment que la cinquantième partie du chiffre total des membres de la Société, et les missionnaires n'en forment que la centième partie.

Tous les fonctionnaires supérieurs de l'ordre sont pris dans leur sein. On en délègue un certain nombre aux Congrégations générales pour prendre place à côté des Provinciaux, et ils ont droit de vote même pour l'élection du Général.

Ils sont chargés de l'expédition des affaires de la Société, et c'est à eux qu'est confiée la direction des consciences des hauts personnages. Ils habitent des maisons qui leur sont spécialement affectées et que l'on appelle maisons des Profès.

Hiérarchie.

Le chef des Jésuites a le titre de *Général.* La Société qu'il gouverne n'est pas un ordre monacal ayant un habit particulier. C'est une vaste société composée de membres destinés à combattre l'hérésie, à propager la foi, et que les papes ont rendus indépendants de l'*ordinaire*, c'est-à-dire de la juridiction des évêques. Ils peuvent bâtir des églises, les consacrer, prêcher, confesser sans demander d'autorisation aux évêques et aux curés.

Jusqu'à la Révolution de 1789, ils ne payaient aucun impôt, aucune redevance en France, et pareille immunité leur est encore accordée dans certains pays où ils sont admis.

Le Général dispose de tous les emplois; il nomme, révoque qui il veut; il érige les universités, les maisons de noviciat, les collèges (sans pouvoir toutefois supprimer les anciens), il convoque les Congrégations générales et réside à Rome.

La toute-puissance sur la Société lui est déférée pour toute sa vie; elle est illimitée, et l'*obéissance absolue* à laquelle s'engagent tous ceux qu'il gouverne, fait que ses ordres sont exécutés comme venant d'une autorité infaillible.

Le Général est élu par une Congrégation générale composée des Pères Provinciaux, des Supérieurs des maisons de Profès, des Profès délégués par les Congrégations provinciales et des Recteurs.

Quoique l'autorité du Général soit illimitée, les statuts de la Société veulent cependant qu'elle soit surveillée, et la Congrégation générale désigne un *moniteur* à cet effet; sa charge est d'*avertir* le Général, surtout en ce qui regarde sa conduite privée.

Quatre *Assistants* nommés par la Congrégation générale composent le conseil secret du chef suprême de l'ordre. Ils ont voix consultative, convoquent la Congrégation générale à la mort du Général et dans le cas où sa destitution serait jugée nécessaire.

Immédiatement après le Général, viennent dans l'ordre hiérarchique les *Provinciaux*, nommés comme tous les autres fonctionnaires par le chef de l'ordre.

Leurs fonctions ne durent que trois ans. Elles consistent à administrer les provinces qui leur sont confiées, avec tout le personnel et tous les biens appartenant à la Société.

Ils adressent au Général des rapports *annuels* sur la situation de la province [1]; des rapports *mensuels*, sur les événements du

---

1. Tout le domaine spirituel et temporel administré par la Société

mois et des rapports *spéciaux* sur les incidents extraordinaires.

Les Provinciaux sont à la province ce que le Général est à l'ordre tout entier; leur autorité est absolue sur leurs administrés; ils ont comme le Général un *moniteur* et des *consulteurs* qui forment leur conseil secret.

Au-dessous des Provinciaux sont les *Supérieurs*, et ce titre n'est pas spécial mais commun à tous ceux qui dirigent un établissement, soit résidence, noviciat ou collège. Seulement ces derniers portent habituellement le nom de *Recteurs*.

Ils ont, comme les précédents, leurs moniteurs et leurs consulteurs. Pour soulager les Supérieurs, l'administration de la partie matérielle des établissements de la Société est confiée à des *Procureurs*, dont les fonctions sont les mêmes que celles des *Économes* dans nos collèges et nos lycées.

Il y a des Procureurs non seulement dans chaque maison de la Société, mais encore dans chaque province; ces derniers veillent à tout ce qui intéresse les affaires temporelles de la province.

Viennent ensuite les *Profès*, les *Coadjuteurs spirituels*, les *Coadjuteurs temporels*, les *Scolastiques formés* et *approuvés* et les *Novices*.

Nous avons suffisamment parlé de chacun de ces membres de la Société pour ne pas y revenir.

Telle est la hiérarchie chez les Jésuites; il est indispensable de la connaître pour se rendre bien compte de l'organisation des maisons d'éducation qu'ils dirigent.

Collèges et Universités.

L'instruction et l'éducation se donnaient chez les Jésuites dans quatre sortes d'établissements [1], savoir :

de Jésus se divise en provinces à la tête desquelles se trouve un Provincial.

On compte quatre provinces en France, cinq en Italie, cinq en Espagne, cinq en Allemagne et quatre comprenant l'Angleterre, l'Irlande et l'Amérique du Nord.

1. Nous donnons surtout ici l'organisation de l'enseignement chez

Les petits, les moyens, les grands collèges et les universités.

Les *petits collèges*, où l'on n'allait pas plus loin que la rhétorique, se divisaient eux-mêmes en trois catégories :

La première et la plus importante comprenait cinq classes : la rhétorique, la classe d'humanités, et trois classes de grammaire ; si le nombre d'élèves était trop considérable, on dédoublait les classes, et l'on formait comme dans nos lycées des divisions suivant toutes le même programme ;

La deuxième catégorie, moins importante que la première, ne comprenait que quatre classes ; la rhétorique y était supprimée, ou bien on la maintenait, mais alors on partageait en deux la classe d'humanités : la première division suivait le programme de rhétorique, la deuxième division celui d'humanités, puis venaient les trois classes de grammaire ;

La troisième catégorie ne comprenait que trois classes : la plus élevée suivait le programme d'humanités, les deux autres étaient consacrées à la grammaire ;

Enfin la quatrième catégorie ne comprenait que des classes de grammaire.

Dans les *moyens collèges*, outre les cinq classes de lettres, il y avait une classe de *philosophie* dont le cours durait deux ans. Il comprenait les cinq parties ordinaires de la philosophie de cette époque, savoir : la logique, la métaphysique, la morale, la physique et les mathématiques. Ces cinq parties étaient professées tantôt par cinq professeurs spéciaux, tantôt par deux seulement, suivant l'importance du collège.

Dans les *grands collèges* on enseignait outre la grammaire, les belles-lettres et la philosophie, la théologie ainsi que les langues orientales pour ceux qui se destinaient aux missions.

Tous ces collèges étaient, dans le principe, ainsi que nous

les Jésuites au XVIIIᵉ siècle. — La Société a introduit à notre époque quelques détails qui varient suivant les pays et les besoins de l'enseignement : ils ne changent en rien le fond de l'organisation, nous ne nous y arrêtons pas.

l'avons déjà dit, autant de séminaires destinés à élever les jeunes gens qui désiraient entrer dans la Société. Comme on vit que l'instruction de la jeunesse était le meilleur moyen d'augmenter son influence, on admit, à titre gratuit, des élèves externes pour suivre les cours.

Puis, des personnes généreuses ayant institué des bourses pour que des enfants pauvres fussent logés et nourris avec les élèves de la Société, on bâtit des établissements dont l'importance augmenta promptement.

Les familles riches, attirées en effet par la renommée des Jésuites, sollicitèrent pour leurs enfants les mêmes faveurs que celles dont jouissaient les boursiers.

On accéda à leur désir avec d'autant plus d'empressement que les pensions payées par les riches permirent à la Société d'étendre de plus en plus son action.

C'est ainsi que s'élevèrent de tous côtés des collèges florissants qui l'emportèrent au xviie et au xviiie siècle sur beaucoup de collèges de l'Université.

Pensionnats.

Dans les collèges où il y avait et où il y a des internes, le pensionnat (*convictus*) était et se trouve encore, pour la direction et l'organisation intérieure, complètement distinct de l'*externat*. Il a pour chef le Principal (*Primarius*), qui dépend du Recteur dont il est le représentant auprès des internes. Sous ses ordres sont divers fonctionnaires appartenant tous à la Société de Jésus. Comme chef de la discipline, il s'entend, toutes les semaines, avec les surveillants ou pour mieux dire avec les Préfets, car cette dernière appellation n'indique pas des fonctions élevées — exceptons toutefois celle de Préfet général des études, — mais elle s'applique à ceux qui surveillent les études, les récréations, l'entrée et la sortie des classes, le dortoir, etc. Les attributions de ces Préfets ressemblent donc à celles des maîtres d'études ou des maîtres répétiteurs de nos collèges. Le Principal règle encore les exercices littéraires du pensionnat tels que les déclamations au réfectoire, les prélections qui ont lieu les jours de petites vacances; il est en relation avec les précepteurs, les pédagogues du maîtres de pension, les parents, les élèves, mais son pouvoir s'arrête au seuil de la classe : l'interne une fois en classe est sous l'autorité immédiate du professeur et du Préfet général des études.

Après le Principal vient le Ministre, qui est l'aide du Principal, comme ce dernier est l'aide du Recteur. C'est lui qui, chaque jour, veille à ce que les employés remplissent leurs devoirs; il visite les chambres des pensionnaires, les dortoirs, etc., il assiste au réfectoire, a soin que rien n'y manque; c'est encore lui qui est chargé du vestiaire, du luminaire et du chauffage.

En dehors du Ministre, un Procureur est attaché au pensionnat; ce fonctionnaire est indépendant du Procureur du collège. Sa caisse, ses livres, n'ont aucun rapport avec ceux de son collègue. Sa charge est de veiller à l'entretien du pensionnat, aux approvisionnements, aux dépenses et aux recettes.

Le personnel comprend encore les surveillants ou Préfets dont nous avons déjà parlé; les Répétiteurs [1], qui en dehors des classes du collège donnent à certains élèves des leçons supplémentaires; des Précepteurs ou gouverneurs attachés à des élèves appartenant à de riches familles et qui logent dans l'établissement; enfin des Coadjuteurs temporels s'occupant des travaux manuels de la maison.

Quoique le pensionnat soit séparé de l'externat, le Recteur se réserve la direction générale de tout le collège.

Les pensionnaires se partagent en deux catégories :

1° Les *chambristes* ou *caméristes*, logés dans des chambres particulières; quelques-uns, parmi les plus riches, avaient autrefois un précepteur dans une chambre à côté;

2° Les pensionnaires ordinaires, travaillant dans des études

---

1. Ces répétiteurs étaient souvent des hommes instruits. Les PP. Porée, Legay et beaucoup d'autres ont été répétiteurs, et ces leçons complémentaires contribuaient beaucoup au succès des études.

communes, et couchant dans des dortoirs pareils à ceux de nos lycées; à chaque étude et à chaque dortoir était attaché un Préfet ou surveillant.

Règlement de la journée au collège de la Flèche [1] : à 5 heures du matin, lever — il n'est pas question de toilette ou du moins elle ne durait pas longtemps; à 5 h. 1/4, prière en commun; à 5 h. 1/2, nécessités; à 5 h. 3/4, étude jusqu'à 7 h. 1/4; on faisait alors réciter les leçons et l'on voyait si les devoirs étaient terminés; à 7 h. 1/2, déjeuner (*jentaculum*), consistant en pain et vin; à 8 heures, classe. Après la classe, messe, à laquelle assistaient tous les élèves internes et externes.

Après la messe. diner (*prandium*), composé d'une entrée de mouton ou de bœuf (*antipastus*), un plat de viande, un plat de légumes et un dessert (*pastus*); trois fois la semaine il y avait deux desserts et le soir des grandes fêtes deux entrées et deux desserts. Les jours maigres, il y avait le même nombre de plats.

Une lecture avait lieu pendant les repas; les dimanches et les jours de fête, il y avait des déclamations, des dissertations, des discours, des amplifications, des vers.

Les récréations étaient de 3/4 d'heure après diner; à midi 1/4, étude jusqu'à 1 heure 1/2 ou 2 heures pour les philosophes et les rhétoriciens; puis, classe du soir; à 4 heures 1/2, sortie de classe, ensuite étude et souper à 6 heures.

Le menu du souper se composait d'une entrée de légumes, une portion de viande et un dessert; les jours maigres, au lieu de viande, il y avait des œufs; après le souper, récréation de 3/4 d'heure, puis répétition générale par les répétiteurs qui souvent étaient des Jésuites distingués. Les répétitions constituaient une troisième classe; on expliquait les auteurs, on corrigeait les devoirs (voir du reste le texte relatif aux répétiteurs); le coucher était à 9 heures.

1. Tous ces renseignements sont tirés de l'ouvrage très intéressant du R. P. de Rochemonteix, *Un collège de jésuites aux XVIIe et XVIIIe siècles*, t. II, p. 30, 31, 32.

Samedi, sabbatine. Les dimanches et jours de fête, il y avait dans la matinée réunion des congréganistes; l'après-midi, vêpres, sermon, puis jeux tels que billard, trictrac, dames, grands jeux au jardin, dans le parc; le soir, séance, harangue, vers, etc. [1].

Universités.

Les Jésuites ne se bornèrent pas à l'enseignement secondaire donné dans les collèges; ils instituèrent encore des cours d'enseignement supérieur donnés dans ce qu'ils appelaient des *Universités*.

La Société, disent les Constitutions (4ᵉ partie, chapitre XI), en accepte la charge afin d'augmenter le bien que nous pouvons faire, et de l'étendre tant par les sciences qu'on y enseigne que par les personnes qui viennent y prendre des grades pour enseigner ensuite avec plus d'autorité.

Les Jésuites en effet purent conférer des grades et firent ainsi concurrence aux facultés de l'État. Mais leurs universités n'embrassèrent pas comme ces dernières toutes les sciences alors en honneur. « L'étude de la médecine et des lois étant étrangère à notre Institut, disent les Constitutions, on ne les enseignera pas dans nos Universités, et l'on se bornera à l'étude des lettres, des arts et de la théologie. »

Personnel enseignant.

Le Provincial était dans sa province et pour les collèges qui étaient soumis à son autorité le plus haut fonctionnaire, et sa situation était celle d'un Recteur de nos jours dans nos Académies. Sans entrer dans les détails de ses fonctions minutieusement indiqués dans le Règlement des études, nous nous contenterons de dire qu'en qualité de délégué du Général il nommait les Recteurs des collèges, les Préfets des études, dési-

---

1. Les dimanches ordinaires, il n'y avait pas de grand'messe et l'après-midi était consacrée à la promenade. Il en était de même pour les jours de congé.

gnait les élèves qui devaient prolonger leurs études en théologie, nommait les professeurs de cas de conscience, veillait à l'exacte observation des règlements, assistait aux examens de fin d'année des élèves de philosophie, désignait les Scolastiques qui devaient entrer dans l'enseignement, fixait l'emploi du temps, etc.

Recteur.

Ses fonctions étaient à peu près les mêmes que celles des Proviseurs de nos lycées.

Il prenait toutes les mesures nécessaires pour encourager le travail des élèves, développer leur intelligence, maintenir l'ordre et la bonne discipline dans le collège.

Son devoir était d'aller dans les classes, d'assister aux disputes privées et publiques des philosophes et des théologiens, de favoriser la création et les progrès des académies, de la Congrégation de la Sainte-Vierge, de faire observer l'usage de la langue latine, de veiller à ce que les différents fonctionnaires du collège s'acquittassent consciencieusement de leurs devoirs, de réunir tous les deux mois les maîtres en conseil pour statuer sur les mesures à prendre dans l'intérêt du collège.

Préfet des études.

Ses fonctions correspondaient à celles de Censeur dans nos lycées. Il était, suivant les termes des Constitutions, l'instrument du Recteur, ou pour mieux dire son auxiliaire, son représentant pour faire observer les articles du Règlement des études, diriger, présider les disputes de philosophie et de théologie, faire exécuter les règlements relatifs aux thèses et aux actes de théologie, etc.

Dans les collèges ordinaires, un seul Préfet des études suffisait, mais quand l'établissement était important, on lui adjoignait un autre Préfet, quelquefois même deux.

Le premier préfet était alors appelé *Préfet général*, le deuxième était appelé *Préfet inférieur* ou même *Préfet de deuxième ordre*. Il s'occupait particulièrement des classes inférieures, c'est-à-dire de la rhétorique, des classes d'humanités et de grammaire, tandis que le *Préfet général* s'occupait des classes supérieures de philosophie et de théologie.

Un troisième Préfet (*Præfectus atrii*), *Préfet de discipline*, veillait à l'entrée et à la sortie des classes, à la bonne tenue des élèves à l'église, à l'application des punitions infligées par les professeurs, le Recteur, ou le Préfet des études. Ses fonctions correspondaient à celles de Surveillant général dans nos lycées.

Quelquefois, à la place du Préfet des études, on adjoignait au Recteur un *Chancelier* dont les attributions étaient les mêmes, mais les Chanceliers appartenaient plus particulièrement aux Universités.

Procureurs.

Les Procureurs, ainsi que nous l'avons déjà dit, étaient chargés des affaires temporelles de la Société.

A chaque province, à chaque collège, à chaque établissement de la Société était attaché un Procureur élu par les Profès des trois et des quatre vœux, et par les Recteurs de la province. Ils étaient choisis généralement parmi les anciens Recteurs.

Maîtres et Professeurs.

Les *Maîtres* et les *Professeurs* chez les Jésuites n'étaient pas des étrangers, mais d'anciens novices admis comme Scolastiques et élevés dans les collèges de la Société.

Ceux que l'on destinait à l'enseignement des classes inférieures, c'est-à-dire rhétorique, humanités et grammaire, n'étaient pas les plus élevés en dignité; on considérait comme bien au-dessus d'eux, les professeurs de philosophie et surtout ceux de théologie, car la théologie était pour les Jésuites la science par excellence. C'était pour elle que l'on réservait les sujets les plus capables. Ceux qui l'enseignaient étaient les vrais *professeurs*, tandis que ceux qui enseignaient les belles-lettres et la grammaire portaient le simple titre de *maîtres, magistri*. Toutefois, pour recruter de bons maîtres, le Provincial choisissait parmi les meilleurs élèves en littérature, ceux qui montraient pour cet enseignement une aptitude et une vocation spéciales. On les mettait dans un établissement particulier appelé *scolasticat*, où ils faisaient de fortes études, les préparant à leurs fonctions futures, et ils s'exerçaient à la parole dans des académies particulières.

Sauf de rares exceptions, on ne commençait jamais par être maître de rhétorique ou d'humanités, on débutait presque toujours par les plus basses classes de grammaire et l'on suivait les élèves jusqu'en rhétorique.

On ne pouvait être maître qu'après avoir terminé sa philosophie, mais il n'était pas nécessaire pour enseigner d'être *maître ès arts*, car les nombreux examens que l'on subissait avant d'enseigner garantissaient suffisamment la capacité de ceux à qui l'on confiait une classe.

Les études étaient surveillées par des Préfets ou par d'anciens Scolastiques se préparant comme les maîtres à être Coadjuteurs spirituels et ayant par conséquent sur les élèves l'autorité que donne le caractère ecclésiastique.

Après 6 ou 7 ans de Régence, les maîtres qui n'étaient, comme nous l'avons dit, que des Scolastiques, suivaient pendant six ans des cours de théologie à la suite desquels ils faisaient une dernière année de noviciat, étaient ordonnés prêtres et devenaient Coadjuteurs spirituels ou Profès.

Si nous rappelons ces détails c'est pour faire remarquer que les maîtres de rhétorique, d'humanités et de grammaire n'étaient pas toujours de simples Scolastiques.

Dans beaucoup de collèges importants, ces fonctions étaient confiées à des Coadjuteurs spirituels que leur qualité de *Jésuite parfait* n'empêchait pas d'enseigner.

C'est ainsi qu'à Louis-le-Grand et dans d'autres collèges, des Pères très distingués, Porée, Sanadon, Jouvency, Delarue, Vannier et tant d'autres enseignèrent les belles-lettres pendant de longues années.

Les Précepteurs.

Certains passages du Règlement des études feraient croire que *Præceptor* est toujours synonyme de *Magister*, mais le Père Jouvency, dans le *De ratione discendi et docendi*, donne la véritable signification de ce mot. Le Précepteur, dit-il, est l'aide du maître, et le gardien de l'enfant qui lui est confié; il le conduit au collège, lui donne les explications nécessaires pour que ses devoirs soient faits avec soin; il remplit, d'après cela, les mêmes fonctions que les Précepteurs de nos jours.

Toutefois, Précepteur est très souvent employé dans les Règlements comme synonyme de maître.

Les Élèves.

Il y avait trois sortes d'élèves, désignés sous le nom générique de *disciples*, *écoliers*, savoir :

Les Scolastiques — *les pensionnaires* — et *les externes.*

Les Scolastiques, dont nous avons souvent parlé, se subdivisaient, comme nous l'avons dit, en *Scolastiques approuvés* et *Scolastiques formés* qui étaient déjà des membres importants de la Société de Jésus. C'était pour eux que saint Ignace de Loyola avait établi des collèges où ils recevaient une éducation et une instruction les préparant à devenir des membres de la Société de Jésus, à être pieux, instruits, obéissants, et se pliant en tout aux sévères Constitutions de la Société.

En dehors des *Scolastiques* que l'on appelait les *Nôtres* et qui avaient en classe des bancs à part, obligés de n'avoir aucune communication avec les autres élèves, venaient les *Pensionnaires* (*convictores*), que la Société admit non seulement pour augmenter les ressources, mais encore et surtout pour que son influence se répandît.

Les résultats justifièrent ses prévisions car, en 1675, le collège Louis-le-Grand comptait plus de 3.000 élèves, et la Société comptait plus de 600 collèges lui appartenant.

Les frais énormes occasionnés par la fondation de ces établissements ne compromettaient en rien la situation financière des Jésuites, car les collèges ne s'établissaient qu'autant que de généreux donateurs fournissaient les fonds nécessaires, et la renommée de l'enseignement donné par les RR. PP. était telle qu'ils avaient plutôt à refuser qu'à accepter les offres qui leur étaient faites.

Venaient enfin les *Externes* (*externi*), qui assistaient seulement aux exercices scolaires.

Dans les Universités de la Société et dans les classes supérieures de philosophie, on admettait des *auditeurs* (*auditores*), qui écoutaient les leçons, mais n'étaient pas obligés de remettre des devoirs écrits, et de se conformer aux règlements des simples écoliers.

Gratuité de l'enseignement.

Dans les Universités comme dans les collèges de la Société l'enseignement était gratuit, et cette libéralité n'a pas été une des moindres causes de leurs succès.

Quoique les Constitutions déclarassent que tous les élèves, pauvres comme riches, devaient être de la part des maîtres l'objet de soins également paternels, les Scolastiques d'un côté et les élèves nobles de l'autre avaient cependant certains privilèges dont ne jouissaient pas les autres élèves.

Les nobles avaient leurs bancs à part comme les Scolastiques.

De plus, certaine catégorie d'élèves avait encore des privilèges ou, pour mieux dire, exerçait sur ses condisciples une sorte de magistrature sur laquelle nous donnerons plus bas quelques détails.

Classes.

L'enseignement secondaire clasique comprenait cinq classes : 1º Rhétorique ; 2º Humanités ; 3º Première classe de grammaire ou *troisième* ; 4º Classe moyenne de grammaire ou *quatrième* ; 5º Classe inférieure de grammaire ou *cinquième*.

Dans chaque classe, l'emploi du temps était réglé d'une manière à peu près uniforme.

L'entrée en classe se faisait à 8 h. 1/2, en silence ; un élève récitait la prière, puis le Décurion ramassait les copies et faisait réciter individuellement et à voix basse les leçons qui n'étaient pas multiples comme dans nos lycées, car elles se bornaient à la grammaire grecque ou latine et à un auteur latin qui était généralement Cicéron gradué suivant la classe où la récitation avait lieu. Pendant ce temps, le maître corrigeait les copies qui venaient de lui être remises ; il appelait près de lui l'élève dont il examinait le devoir et lui en montrait les fautes d'après les règles très longuement détaillées dans le *Ratio studiorum* et le *De ratione discendi et docendi*. On repassait ensuite l'auteur qui avait été expliqué dans la classe précédente ; on expliquait un nouveau morceau de grec et de latin, et l'on passait à la grammaire, mais on s'arrangeait pour qu'il restât presque toujours assez de temps que l'on consacrait à des concertations où les élèves luttaient entre eux à coups d'interrogations, de réponses, de questions et de ripostes sur les différentes parties de l'enseignement qui leur était donné.

A la classe du soir, la première demi-heure se passait à réciter la grammaire grecque ou latine et à corriger le devoir écrit qui avait été donné le matin.

Pendant la seconde demi-heure, on repassait l'auteur expliqué le matin.

De trois à quatre heures, jusqu'en troisième, une demi-heure était consacrée à la concertation. Dans les hautes classes, on expliquait un auteur grec ou latin, ou bien on faisait de la métrique et un peu d'érudition.

Les classes du samedi étaient consacrées presque entièrement à repasser comme leçons et comme explications ce qui avait été vu pendant la semaine : c'était ce qu'on appelait la *sabbatine*. Les concertations, qui n'étaient pas plus oubliées ce jour-là que les autres jours, roulaient sur ce qu'on avait étudié pendant la

semaine, et, à la classe du soir, la dernière demi-heure se passait à réciter, à expliquer le catéchisme ou à quelque exhortation pieuse.

Les Jésuites avaient et ont encore des moyens particuliers
pour stimuler et entretenir l'émulation parmi les élèves. Deux
intéressants ouvrages, l'un du R. P. de Rochemonteix, intitulé
Un collège de Jésuites aux XVIIe et XVIIIe siècles, t. III, p. 52,
et l'autre de François Butel, intitulé : *l'Éducation des Jésuites
autrefois et aujourd'hui*, p. 421, nous donnent à ce sujet le
tableau des différentes classes d'un collège. Chacune d'elles, y
lisons-nous, est divisée en deux camps, *Gaulois* et *Romains*, com-
mandés par un général en chef, un *imperator*, Vercingétorix,
César, décorés d'une croix d'argent et occupant une place à
part ; au-dessus d'eux, trône le dictateur, *dictator* ; à droite sont
les Romains dont le manipule orné de l'aigle est suspendu à la
muraille, et à gauche sont les Gaulois au-dessus desquels plane
un écusson décoré du gui symbolique et de la faucille d'or des
Druides.

Chaque camp est à son tour divisé en *Décuries*, composées de
dix élèves, à la tête desquelles est un Décurion choisi parmi les
meilleurs élèves. Les Décurions jouent un grand rôle dans leurs
classes, car ils partagent avec le maître la surveillance des élèves ;
ils le remplacent même comme on le voit dans l'ancien et le
nouveau Règlement pour une partie de l'enseignement, et leurs
fonctions expliquent comment un professeur, grâce à cette assistance, peut diriger une classe très nombreuse. Chaque Décurion, en effet, fait réciter les leçons à ses subordonnés ; il
ramasse les copies, les cahiers de brouillon, visite les devoirs,
note les absents, et exige silence et attention. Il a une place à
part. Chaque camp a le même nombre de *décuries* et chaque
soldat d'une décurie a son adversaire dans la décurie correspon-
dante du camp rival. L'un et l'autre se harcèlent, et c'est à qui,
à la fin de la semaine, emportera la palme verte de la victoire.

Les décuries ne se recrutent pas indifféremment ; on entre

dans les premières au choix, par le travail et le succès; les dernières se composent des élèves les moins laborieux et les plus faibles.

Les Consuls exercent sur les Décurions la même autorité que ceux-ci sur leurs décuries. Les Décurions récitent aux Empereurs et ces derniers au professeur.

Ces titres d'Empereurs, de Consuls indiquent qu'il y avait parmi les élèves des dignités honorifiques. Effectivement ces dignités, empruntées à l'histoire romaine, sont assez nombreuses. « On les acquiert, dit le R. P. de Rochemonteix, t. IV, p. 207, au concours qui a lieu tous les quinze jours entre les élèves d'une même classe. Le premier porte le titre d'*Imperator*, puis viennent suivant les numéros d'ordre les *Dictateurs*, les *Consuls*, les *Tribuns*, les *Sénateurs*, les *Chevaliers*, les *Décurions*, les *Édiles*.

« Les autres moyens d'émulation, au siècle dernier, consistaient encore, au grand collège de la Flèche, en affiches de bonnes pièces de vers, en tableaux d'énigmes exposés sur la porte des classes, en plaidoiries solennelles entre élèves, en thèses avec gravures, en petites distributions d'estampes, en distributions de prix, tantôt précédées, tantôt suivies de comédies, de tragédies, de ballets; en déclamations, en explications en public d'un auteur classique; en récitation d'une partie notable d'un auteur grec ou latin, et en toute œuvre littéraire de mérite [1]. »

Académies.

Dans les classes de seconde, rhétorique, philosophie sont instituées des Académies composées des élèves les plus intelligents et les plus laborieux. Chacune d'elles est présidé par le professeur de la classe; mais il y a en outre une hiérarchie de dignitaires : un Directeur (*moderator*), deux conseillers, un secrétaire, tous élus au scrutin secret. Entrer à l'académie

[1]. R. P. de Rochemonteix, *Un collège de Jésuites*, t. IV, p. 211.

est un grand honneur, en ne s'y maintient que par des efforts soutenus; chacune d'elles a ses traditions, ses usages, son *livre d'or* où se conservent les meilleures œuvres des académiciens; elle a ses séances publiques, où, devant les maîtres, les personnages illustres qui souvent y assistent et devant les élèves, les jeunes académiciens argumentent, déclament et s'excitent aux grandes pensées et aux belles actions, dit M. Butel, à qui nous empruntons ce passage (p. 24). N'oublions pas de mentionner qu'en dehors des preuves d'intelligence et de travail données par les candidats aux académies, la première condition pour y entrer est d'appartenir à la Congrégation de la Sainte-Vierge qui a, elle aussi, son existence à part, sa chapelle, son directeur, son conseil, ses exercices et ses œuvres. Les Congrégations de la Sainte-Vierge se sont établies dans tous les collèges des Jésuites; elles en ont même franchi l'enceinte avec les jeunes gens qui en sortent pour embrasser une carrière et qui doivent rester en relations de piété et de souvenirs avec leurs maîtres et leurs condisciples.

Prélections. Concertations.

Ces deux mots nouveaux désignent des exercices littéraires toujours en usage chez les Jésuites. Ils sont la traduction de *Prælectio, Concertatio,* dont on ne saurait rendre exactement le sens que par une longue périphrase. En effet la *Prélection,* comme on le verra dans ce volume, est l'explication approfondie d'un texte. Elle ne comprend pas moins de 5 ou 6 parties, ayant chacune une importance particulière.

La *Concertation* est une lutte littéraire entre condisciples s'exerçant à trouver des fautes dans le devoir, les explications de son rival, à l'embarrasser de questions captieuses, à l'emporter enfin sur lui par toutes sortes de moyens.

PROGRAMME ET RÈGLEMENT DES ÉTUDES

DE LA SOCIÉTÉ DE JÉSUS

1616 — 1832 — 1858

RÈGLES DU PROVINCIAL

1. Un des principaux ministères de notre Société étant d'enseigner toutes les sciences qui s'accordent avec l'esprit de notre Institut, de manière à porter le prochain à connaître et à aimer notre Créateur et notre Rédempteur, le Provincial pensera qu'il doit veiller avec tout le zèle dont il est capable, à ce que, dans nos classes, les résultats qu'exige la grâce de notre vocation répondent largement aux travaux multiples qu'elle comporte.

2. En conséquence, le Provincial ne se bornera pas à adresser, sur ce point, dans le Seigneur, de pressantes recommandations au Recteur, mais il lui adjoindra encore un Préfet général des études, ou un Chancelier, excellent littérateur, d'un bon jugement, très zélé, et capable de bien s'acquitter des fonctions qui lui seront confiées. Son office consiste à être, en général, l'instrument du Recteur pour bien régler les études. C'est à ce Préfet que doivent obéir humblement, comme cela lui est dû, les professeurs et tous les Scolastiques, aussi bien ceux qui vivent dans le même collège que ceux employés au pensionnat et auprès des externes; les Préfets des études eux-mêmes lui doivent obéissance pour tout ce qui concerne les études.

3. Quand le collège est trop important et l'enseignement trop varié pour qu'un seul Préfet des études suffise à la bonne

1

exécution des règlements dans toutes les classes, on en nommera un second qui dirigera les études inférieures, en se conformant aux instructions du Préfet général. Bien plus, il y en aura un troisième, si c'est utile, pour la discipline des cours.

4. Le Provincial veillera, avant tout, à ce qu'il y ait pour chaque faculté des professeurs capables, diligents, assidus, et tenant à cœur d'activer les progrès des élèves soit dans les cours des classes, soit dans les autres exercices littéraires.

5. Il aura grand soin d'animer les élèves d'un beau zèle pour la littérature sacrée; il y réussira, s'il choisit non seulement des hommes habiles dans la connaissance des langues (ce qui est absolument nécessaire), mais encore des maîtres très instruits en théologie scolastique, en histoire; d'une érudition variée, et, autant que possible, très versés dans ce qui concerne l'éloquence.

6. Dans les collèges où il y a deux professeurs de théologie, les élèves de théologie auront, tous les jours, et pendant deux ans, une leçon d'Écriture sainte de trois quarts d'heure. Là où il y a trois professeurs de théologie, la leçon sera plus courte, si elle a lieu tous les jours; ou, si on le préfère, elle durera plus longtemps, mais elle n'aura lieu que tous les deux jours.

Cet article a été ainsi modifié dans le nouveau ratio :
Les élèves de théologie auront, tous les jours, et pendant deux ans, une leçon d'Écriture sainte d'une heure.

7. Quand on le pourra, sans inconvénient, on chargera un professeur d'Écriture sainte ou du moins un théologien, d'enseigner la langue hébraïque. Il est à désirer que ce professeur soit également habile non seulement en grec, à cause du Nouveau Testament et de la Version des Septante, mais qu'il connaisse encore le chaldéen, le syriaque (l'arabe et l'indien), parce que les livres canoniques renferment çà et là beaucoup de choses tirées de ces langues (et qu'elles peuvent être très utiles pour interpréter les saintes Écritures et confirmer leur autorité).

8. Pendant la seconde ou la troisième année de théologie, les théologiens, à l'exception de ceux qui seront regardés comme en étant incapables, seront obligés de suivre cette leçon d'hébreu

une année durant. En outre, ainsi que le prescrivent les Constitutions, le Provincial décidera quels sont ceux qui doivent
s'adonner particulièrement à cette étude, et les élèves désignés
s'y appliqueront avec soin pendant les deux années où ils
répéteront la théologie. Bien plus, pendant le cours même de
théologie, ils pourront, si c'est possible, organiser une académie privée d'hébreu, à condition que ce soit pendant les
jours de congé.

*A l'hébreu, le nouveau ratio ajoute les langues orientales déjà indi-
quées.*

9. § 1. Le Provincial, conformément aux Constitutions, aura
soin de faire terminer le cours de théologie en quatre ans. Ce
cours sera fait par deux professeurs, ou, si c'est insuffisant, par
trois professeurs ordinaires, suivant l'usage des différentes provinces. Là où il y a trois professeurs, on établira un troisième
cours de théologie morale, où l'on expliquera solidement et
ex professo les matières de morale que les professeurs ordinaires laissent presque toujours de côté, ou qu'ils ne traitent
habituellement que très rapidement. Les Nôtres suivront ce
cours pendant deux années et ils étudieront l'Écriture sainte
pendant deux autres années.

§ 2. Le Provincial se rappellera par-dessus tout qu'il ne doit
confier les chaires de théologie qu'aux partisans de la doctrine
de saint Thomas. On exclura de l'enseignement ceux qui ne
partagent pas cette doctrine, et ceux même qui montrent pour
elle de la tiédeur.

§ 3. *Le nouveau ratio ajoute ce troisième article :*
Il veillera en outre à ce que quelques-uns des Nôtres, pendant
ces quatre années de théologie, s'appliquent au droit canon, à
l'histoire ecclésiastique et aux autres sciences théologiques, pour
qu'il n'y ait jamais dans ces facultés disette de professeurs capables.

10. Au commencement de la quatrième année, le Provincial,
de concert avec le Recteur, le Préfet des études, les maîtres et
ses conseillers, désignera ceux qui se sont distingués surtout
par leur vertu et par leur talent, pour leur faire répéter en
particulier, pendant deux ans, la théologie, et soutenir, ainsi

que le prescrivent les Constitutions, des actes d'après la décision du Supérieur; ils se livreront en particulier, et en toute tranquillité, à cette étude au sujet de laquelle on donnera plus loin des instructions spéciales.

A l'expiration de ces deux années, quelques-uns, suivant les usages du pays où ils se trouvent, pourront, avec l'autorisation du Général, être promus aux grades de docteur ou de maître ès art.

11. Dans les contrées où cette promotion se fait ordinairement en public, on observera avec soin la Constitution, et personne ne sera promu s'il n'entremêle dans ses thèses quelques conclusions scolastiques tirées des passages les plus remarquables de l'Écriture sainte, et surtout, si ses thèses ne renferment rien de contraire à l'histoire ecclésiastique et au droit canon.

On observera pour la promotion au doctorat, et pour les cérémonies qui l'accompagnent, les usages et les statuts de chaque pays, pourvu qu'ils ne soient pas en opposition avec les Constitutions.

12. Dans les collèges où il y a pour les Nôtres une division spéciale pour les *cas de conscience*, le Provincial nommera deux professeurs de cas de conscience qui se partageront toutes les matières relatives à ce sujet, et les développeront pendant deux ans : ou bien, il ne nommera qu'un professeur qui fera alors deux leçons par jour.

Cet article a été complètement modifié de la manière suivante :
Dans les collèges où se trouve un Scolasticat pour ceux des Nôtres qui, pendant quatre ans, ne s'appliquent pas à la théologie, il nommera deux professeurs qui enseigneront, l'un pendant deux ans, et deux fois par jour, là où ce sera possible, tout ce qui concerne la théologie morale, et l'autre, les matières suffisantes pour que les élèves, à leur tour, soient en mesure d'enseigner la religion et de répondre aux objections les plus ordinaires. S'il n'y a qu'un professeur, il traitera, pendant deux ans, ce qui concerne la théologie morale et pendant les deux autres années ce qui concerne le dogme. Si, dans le même collège, des étudiants en dogme se trouvent avec des Scolastiques théologiens, ils pourront assister, pendant deux ans, aux leçons de théologie morale avec les autres étudiants, à condition de ménager le temps nécessaire pour qu'un des Scolastiques qui répète la théologie leur donne une connaissance suffisante des dogmes.

13. Les prêtres de notre Société se réuniront pour tenir entre eux une conférence sur les cas de conscience, deux fois par semaine, dans les maisons professes, deux fois dans les collèges, ou une fois selon que le Provincial le jugera convenable, soit qu'il y ait ou qu'il n'y ait pas dans ces établissements de cours public de cas de conscience ou de théologie morale.

Ils nommeront un président qui dirigera la conférence avec sagesse et fermeté. Le président lira et fera observer les règles du professeur de cas de conscience, qui prescrivent la manière dont doit avoir lieu la conférence.

14. Dans les collèges de *premier ordre*, pareille conférence aura lieu une fois seulement par semaine, principalement pour tous les étudiants en théologie, soit qu'il y ait ou qu'il n'y ait pas deux professeurs de cas de conscience, ou même qu'il n'y en ait aucun.

15. A l'exception des professeurs de théologie, de philosophie et de certains autres que le Supérieur trouvera bon d'exempter, aucun casuiste, aucun prêtre qui entend en confession, ne serait-ce que de temps en temps, n'est exempté de prendre part à toutes les conférences dont nous avons parlé. Bien plus, le Supérieur même, à moins de motif grave, ne pourra se permettre que rarement de ne pas y assister.

16. Les professeurs de philosophie, à moins de raisons sérieuses, doivent avoir, non seulement achevé leur cours de théologie de deux ans, mais ils doivent encore l'avoir répété pour que leur enseignement soit plus sûr et plus en harmonie avec la théologie. Si quelques-uns sont portés aux nouveautés et d'un esprit trop libre, on n'hésitera pas à les exclure de tout enseignement.

17. Le cours de philosophie ne doit pas durer moins de trois ans, là où il y a des Nôtres; mais dans les établissements qui ne reçoivent que des externes, la durée de ce cours est laissée au jugement du Provincial. Chaque année, si c'est possible, on terminera un cours et on en commencera un autre.

Cet article 17 est ainsi modifié :

§ 1. Dans les collèges où les Nôtres étudient, le Provincial réglera le cours de philosophie de telle façon que les Nôtres puissent en acquérir une connaissance suffisante en deux ans, et une connaissance plus complète en trois ans. Il accordera la troisième année d'études philosophiques à ceux qu'après mûre délibération, et après avoir pris l'avis des professeurs, il jugera, dans le Seigneur, aptes à cette étude. De plus, il pourra donner à quelques-uns le temps convenable pour repasser en particulier ces matières, conformément à l'instruction citée plus bas pour les théologiens.

§ 2. Quant aux externes, il veillera à ce qu'il y ait pour eux un cours de philosophie, suivant l'usage et les besoins du pays.

18. Quoiqu'on ne puisse bien limiter le temps consacré aux études d'humanités et de rhétorique, et quoiqu'il appartienne au Supérieur de juger combien chacun doit y passer de temps, cependant, le Provincial ne permettra aux Nôtres de passer en philosophie qu'après être restés deux ans en rhétorique, à moins qu'en raison de l'âge, de l'aptitude, ou pour tout autre motif, il ne juge, dans le Seigneur, qu'il y a lieu d'agir autrement. S'il se trouve quelques sujets doués d'assez de talent pour faire de grands progrès dans les études précitées, on verra s'il n'est pas utile de leur accorder une troisième année d'études littéraires pour donner à leurs connaissances une base plus solide.

19. § 1. Les élèves de philosophie seront examinés à la fin de chaque année en présence du Recteur et du Provincial, si c'est possible, d'une manière sérieuse par des examinateurs désignés à cet effet.

Personne ne pourra passer de première en seconde année de philosophie, et de seconde en troisième année, s'il n'a obtenu des notes passables, en logique, en métaphysique et en mathématiques élémentaires, c'est-à-dire s'il n'a prouvé qu'il comprend bien le cours et qu'il peut en rendre compte.

On ne passera de philosophie en théologie scolastique que tout autant qu'on aura dépassé la note passable pour tout le cours de philosophie, de façon à pouvoir défendre et soutenir ses assertions d'une manière satisfaisante; à moins, cependant, qu'un sujet médiocre en théologie ne montre, par hasard, un talent extraordinaire pour l'administration ou pour la prédication. Le Provincial qui, dans les autres cas, n'a pas le pouvoir d'accorder des dispenses, verra s'il n'est pas utile, dans cette circonstance, de prendre une décision exceptionnelle.

§ 2. Mais, en tout cela, le Provincial observera surtout les règles 49 et 56 de sa charge, et il tiendra particulièrement compte de la vertu des personnes, parce qu'il est de la plus grande importance que la vertu soit appréciée dans le Seigneur, et qu'elle soit l'objet d'une extrême considération pour la gloire de Dieu.

§ 3. Les théologiens seront, comme les philosophes, examinés à la fin de chaque année, et l'on ne passera dans le cours de l'année suivante que tout autant qu'on aura dépassé la note passable à l'examen. On exceptera ceux à qui le Provincial jugera bon d'accorder la permission de monter dans une classe plus élevée, quoique ayant eu un examen médiocre, mais en raison de certains talents reconnus supérieurs, ainsi qu'il a été dit.

§ 4. S'il en est qui, dans le cours de leurs études, n'aient pas fait preuve d'aptitude pour la philosophie ou la théologie, le Provincial les destinera, à son gré, à l'étude des cas de conscience, à la théologie morale, ou à l'enseignement.

§ 5. On examinera de même ceux qui, avant d'entrer dans notre Société, ont suivi un cours complet de philosophie, ou une partie du cours, ou bien encore une partie de la théologie, afin qu'il soit statué sur eux comme sur les autres.

Le nouveau ratio ajoute :
A moins qu'ils ne préfèrent recommencer les études qu'ils ont déjà faites, ce qui n'est pas pour eux un droit absolu, car le Supérieur pourra le leur refuser pour de justes motifs.

§ 5 bis. Les philosophes de première année seront examinés pendant une demi-heure, sur la logique et la métaphysique; ceux de seconde année, sur toute la philosophie. Pour ceux de troisième et de quatrième année de théologie, l'examen durera, pour le moins, une demi-heure; il aura lieu à la fin de l'année, à moins que le nombre des élèves à examiner n'oblige à devancer cette époque. L'examen roulera sur tout ce qui a été vu pendant l'année, excepté toutefois ce qu'on explique en classe pendant la durée de l'examen; le Préfet des études le mentionnera avec soin.

§ 6. C'est par un vote secret que l'on décidera, à la suite de ces examens, quels sont les étudiants en philosophie et en théo-

logie qui peuvent continuer leurs études. Les décisions prises
ainsi que le jugement des examinateurs seront transcrits sur un
registre *ad hoc*, et les examinateurs garderont le secret sur ce
qui a été fait.

§ 7. Mais comme il arrive souvent que dans ces sortes
d'examen les juges sont d'avis différents, il appartiendra au
Provincial, après avoir bien pesé les choses, recueilli les suffrages, et entendu ses conseillers, de prendre une décision et de
faire ce qu'il aura jugé utile pour la plus grande gloire de Dieu
et les intérêts de notre Société. S'il juge que tel ou tel ne doive
pas continuer ses études, il l'indiquera sur le registre, comme
il a été dit plus haut.

Cet article a été modifié ainsi qu'il suit :

§ 7 *bis*. A l'examen annuel, comprenant toute la philosophie et
la théologie, si l'étudiant n'a obtenu que la note médiocre, mais
que, au jugement des conseillers de la province, et d'autres
personnes sérieuses dont on doit demander l'avis, il a été reconnu
comme ayant une aptitude remarquable pour l'administration ou
la prédication, le Provincial pourra, après avoir pesé la chose,
décider ce qu'il est utile de faire pour la plus grande gloire de
Dieu et de notre Société. S'il juge que tel ou tel ne doive pas continuer ses études, il l'indiquera sur son registre, comme il a été dit.

§ 8. Quant à ceux qui, en raison de leur talent exceptionnel
pour la prédication ou l'administration, sont admis à passer aux
cours de théologie scolastique pendant quatre ans quoique ayant
fait peu de progrès en philosophie, ou qui sont autorisés à continuer leur cours de théologie scolastique malgré leurs faibles
progrès dans ce cours, le Provincial prendra l'avis de ses conseillers ainsi que celui d'autres personnes sérieuses, qui connaissent les jeunes gens en question, et peuvent juger sainement
de telles choses, et il verra ce qu'il convient de faire.

§ 9. Il aura le plus grand soin de n'user de cette indulgence
et de cette faveur qu'à l'égard de personnes vraiment pieuses,
mortifiées et qu'il en croit dignes.

§ 10. A la fin de la quatrième année de théologie, on fera
passer, pour la *Profession*, à chacun des aspirants, un dernier
examen qui durera deux heures au moins. Il roulera sur les
principaux chapitres de la philosophie et de la théologie, et on

ne regardera comme aptes à la *Profession* que ceux qui auront,
en philosophie et en théologie, acquis des connaissances suffisantes pour enseigner ces deux facultés d'une manière satisfaisante. Si quelqu'un, quoique faible philosophe ou théologien,
montre pour la prédication ou l'administration une aptitude
tellement remarquable qu'il paraisse utile d'en tenir compte, le
Général décidera ce qu'il faut faire; c'est encore lui qui se prononcera à l'égard de ceux qui, en raison de leur mérite dans
les belles-lettres ou dans les langues indiennes, ont droit à
quelque indulgence, conformément au décret 29 de la sixième
Congrégation.

§ 11. Ce dernier examen, à la suite duquel on décide si l'as-
pirant a les connaissances suffisantes pour la *Profession des
quatre vœux*, n'aura pas seulement lieu à bulletin secret (les
suffrages douteux seront considérés comme nuls), mais les examinateurs seront encore obligés, par serment, de ne point révéler
leur vote et de juger sincèrement l'aptitude et le savoir de ceux
qu'ils examinent.

Le nouveau ratio ajoute :
Ils auront soin de se souvenir du décret 18 de la xxi° Congrégation relatif à l'aptitude à l'enseignement de la physique.

§ 12. Chaque examinateur écrira, en le signant de son nom,
son suffrage qui sera remis au Provincial et au Général. Quant
à la lettre qui renferme le suffrage, et qui est destinée au Provincial, l'examinateur *seul* peut l'écrire. Le Provincial inscrira
le nombre des suffrages obtenus sur le registre *ad hoc*, en tai-
sant le nom des examinateurs, et l'on aura soin de garder si bien
le secret, que personne, pas même le *socius* [1], ne connaisse le
suffrage donné par tel ou tel. C'est pour cette raison que le Provincial brûlera même les lettres des examinateurs.

§ 13. Pour tous ces examens, dans chaque Scolasticat de philosophie ou de théologie, il y aura au moins quatre examinateurs
que désignera le Général; et ces derniers, autant que possible,

1. Le *socius* est le Jésuite désigné pour vivre avec un autre
Jésuite dans une intimité parfaite.

ne seront pas choisis parmi les professeurs des candidats. Si quelques-uns des examinateurs étaient morts ou retenus pour différents motifs, le Provincial les remplacerait par d'autres juges obligés de prêter le même serment pour le dernier examen.

§ 14. Les docteurs en Droit et en Canons qui entrent dans notre Société, doivent se soumettre à ce que renferme la cinquième partie du chapitre II, § 2 B. Les docteurs en théologie, dont la doctrine est douteuse, seront également soumis à l'examen, et ils ne seront admis à la *Profession des quatre vœux* qu'à la condition d'avoir une note supérieure à *médiocre*.

Le nouveau ratio ajoute :
Tous les Scolastiques admis à suivre, quatre ans, les cours de théologie, subiront, pendant les deux premières années, sur la théologie morale, deux examens qui dureront, chacun, au moins un quart d'heure. Ceux qui ne font que deux ans de théologie, subiront, chaque année, un examen d'une demi-heure. Les uns et les autres, avant d'être promus aux ordres sacrés, seront en outre examinés, pendant une demi-heure, sur ce qu'il est nécessaire de savoir pour entendre les confessions.

20. Pendant la deuxième année de philosophie, il y aura, en classe, pour tous les philosophes, une prélection de mathématiques d'environ trois quarts d'heure. S'il en est qui aient une aptitude et des dispositions remarquables, ils recevront, après le cours, des leçons particulières.

Le nouveau ratio modifie ainsi cet article :
Tous les étudiants en philosophie de première année auront, tous les jours, une prélection de mathématiques d'une heure environ; et trois ou quatre fois pendant l'année ils donneront, en présence du Préfet des études et des professeurs, un spécimen de leurs progrès, pour être admis à passer en physique. Si quelques-uns se distinguent par leur aptitude en mathématiques, ils pourront poursuivre ces études pendant la seconde et la troisième année de philosophie. Bien plus, il leur sera accordé de recevoir des leçons particulières après le cours.

21. § 4. Il ne doit pas y avoir plus de cinq classes d'*études inférieures* : une de rhétorique, une d'humanités, et trois de grammaire (exception faite, pour les motifs énoncés dans la quatrième partie des Constitutions, des classes où les enfants apprennent à lire et à écrire).

§ 2. Ces cinq degrés sont si bien gradués et reliés entre eux qu'on ne saurait les confondre, ou en augmenter le nombre. Inutile, dès lors, de multiplier les maîtres ordinaires, ainsi que les classes et les programmes, ce qui demanderait, pour achever le cours des études inférieures, un temps plus long qu'on ne doit lui consacrer.

§ 3. Dans le cas où ces cinq classes ne suffiraient pas, on n'en changera pas le nombre, mais on pourra établir deux divisions dans une classe, de manière que toutes les deux répondent à l'un des cinq degrés d'enseignement institués pour les études inférieures et dont il est parlé dans la huitième règle du Préfet des études inférieures.

§ 4. Quand il y aura moins de cinq classes, on veillera à conserver toujours, autant que possible, les classes les plus élevées en supprimant les plus basses.

§ 5. Lorsque nous disons qu'il ne doit pas y avoir plus de trois classes de grammaire, et que le nombre de classes pour les études inférieures ne doit pas dépasser cinq, nous entendons fixer seulement le nombre des degrés d'enseignement, mais non celui des classes et des maîtres; car, s'il y a dans une classe un nombre d'élèves tel qu'un seul maître ne puisse suffire, on pourra dédoubler la classe, avec l'assentiment du Général, de telle façon, cependant, que dans les deux classes on donne le même degré d'instruction, les mêmes leçons, qu'on suive le même programme, la même méthode et que tout se fasse dans le même espace de temps.

§ 6. Pour que la Société n'ait pas une charge trop forte, on ne devra dédoubler les classes que là où il y a un cours complet d'études institué par la Société, ou lorsque *les conditions* de la fondation l'exigent.

22. Afin de conserver dans notre Société la connaissance des belles-lettres et d'y entretenir comme une pépinière de bons maîtres, le Provincial s'appliquera à avoir, dans chaque province, deux au moins ou trois professeurs, littérateurs et orateurs distingués. Il y parviendra, si parmi ceux qui montrent pour ces sortes d'études le plus de zèle et d'aptitude, il en choisit quelques-uns, suffisamment instruits dans les autres

parties, à qui il permettra de s'appliquer spécialement à la littérature. Grâce à leur travail et à leur zèle, il pourra entretenir et perpétuer une succession de bons professeurs.

23. Le Provincial aura soin que nos maîtres se servent de la grammaire d'Emmanuel. S'il lui paraît qu'une autre méthode soit meilleure et plus à la portée des enfants, qu'il prenne celle qui est en usage à Rome, ou qu'il en fasse composer une semblable avec l'assentiment du Général, tout en reconnaissant cependant le mérite et les qualités propres à toutes les règles d'Emmanuel.

Le nouveau ratio modifie ainsi cet article :

§ 1. Il aura soin que dans sa province, si l'on ne se sert pas de la grammaire d'Emmanuel, celle en usage soit de la force et suivant le plan de cette grammaire. Elle sera divisée en trois livres, et le premier sera en français, pour que les jeunes élèves puissent le comprendre et s'en pénétrer plus facilement.

§ 2. Il recommandera instamment que dans toutes les classes les élèves apprennent solidement la langue française, et il y veillera.

§ 3. Il aura soin également que dans les classes inférieures, les connaissances accessoires de toute bonne instruction, savoir : les éléments de l'histoire, de la géographie et des mathématiques, y soient enseignés; et il fixera, en raison des pays et du temps, les matières à enseigner, et le temps qui doit y être consacré dans chaque classe.

24. Il préparera le plus grand nombre possible de professeurs perpétuels de grammaire et de rhétorique. Il y réussira, s'il choisit, quand ils auront terminé leur cours de cas de conscience et de théologie, quelques sujets plus propres à seconder la Société dans ces fonctions que dans toute autre; s'il leur fait faire de fortes études dans ce sens, et s'il les exhorte à se livrer entièrement à cette œuvre si salutaire pour mieux obéir à Dieu.

25. Il sera également utile, quand certains sujets entreront dans notre Société, et qu'ils montreront de l'aptitude pour la littérature, tandis qu'ils réussiraient peu dans des études plus difficiles, à cause de leur âge ou de la tournure de leur esprit, de les admettre, à la condition de se consacrer à l'enseignement des belles-lettres pour obéir à Dieu. Il en sera pris note sur le registre du Provincial. Ils pourront, avant d'enseigner, ou après quelques années d'enseignement, suivant qu'on l'aura trouvé bon en notre Seigneur, assister à quelques parties du cours de cas de conscience, devenir prêtres, et retourner ensuite à l'enseignement, dont on ne les dispensera pas sans de graves motifs, et sans avoir réfléchi, à moins que, pour les soulager, le Provincial ne leur permette d'interrompre l'enseignement pendant une année ou deux.

Le nouveau ratio remplace le cours de cas de conscience par un cours de théologie morale.

26. Le Provincial n'exemptera pas nos Scolastiques d'enseigner la grammaire ou les humanités, à moins d'une détermination contraire motivée, en notre Seigneur, par l'âge ou par toute autre raison. On aura soin cependant de ne pas laisser trop longtemps dans l'enseignement des belles-lettres, de la philosophie et de la théologie ceux qui montrent un rare talent pour la prédication, de peur qu'en s'éternisant dans ces études, ils n'arrivent trop tard à la prédication.

27. Dans chaque cours, le Provincial choisira, pour les appliquer à la théologie, un, deux, trois élèves, ou plus encore, suivant qu'ils sont plus ou moins nombreux, parmi ceux qui paraissent devoir y faire le plus de progrès.

Cependant, une fois qu'ils auront terminé leurs études, et après la troisième année de *probation*, il pourra, s'il le juge nécessaire, s'en servir pour enseigner la grammaire ou les humanités.

28. On prendra les mesures nécessaires pour ne pas mettre à la tête des classes, des maîtres qui doivent suivre un cours de philosophie, et qui ne l'ont pas encore suivi, alors surtout que les professeurs ayant étudié la philosophie ne manquent généralement pas.

29. On aura encore soin que les Nôtres commencent à enseigner dans une classe où leur savoir doit être supérieur à ce qu'ils auront à enseigner, afin qu'ils puissent, chaque année, monter avec leurs élèves, dans une classe plus élevée.

30. Et pour qu'ils soient mieux préparés, quand viendra le temps où ils auront à enseigner, il est de première nécessité qu'ils s'exercent à l'enseignement dans une académie privée; c'est ce

qui est fortement recommandé au Recteur qui doit se conformer
à ces prescriptions, comme l'indique la règle neuvième de ses
fonctions.

31. Le Provincial veillera à ce que dans les collèges, et surtout dans ceux de *premier ordre*, où il y a un grand nombre
d'externes, il y ait plusieurs confesseurs, afin que tous ne soient
pas obligés de s'adresser à un seul, et, pour cette raison, on appellera de temps en temps des confesseurs supplémentaires pour
donner satisfaction aux pénitents.

32. Dans les autres collèges, surtout dans ceux de moindre
importance, le Provincial aura soin qu'il y ait assez de coadjuteurs temporels pour que le Recteur ne soit pas obligé d'employer les maîtres et les élèves à des fonctions serviles.

33. Afin que les Nôtres ne manquent pas des livres nécessaires,
le Provincial consacrera, pour augmenter la bibliothèque, un
revenu annuel tiré soit des bénéfices du collège, soit de toute
autre part, et qui, sous aucun prétexte, ne pourra être appliqué
à d'autres usages.

Cet article se termine dans le nouveau ratio par la phrase suivante :
Pareilles mesures seront prises pour avoir des journaux littéraires,
à l'usage des professeurs; pour enrichir des collections, acquérir
des instruments de physique, et autres objets nécessaires dans
l'enseignement, suivant l'importance du collège.

34. Il aura le plus grand soin, et regardera comme très important, de ne pas laisser pénétrer dans nos classes aucune œuvre
poétique, ou toute autre qui puisse blesser l'honnêteté et les
bonnes mœurs; à moins que l'on n'ait retranché de ces ouvrages
les choses et les mots déshonnêtes. Si l'on ne peut les expurger,
comme Térence, par exemple, il vaut mieux qu'on ne les lise
pas, de crainte que le sens du texte ne blesse la pureté de l'âme.

Le nouveau ratio ajoute le paragraphe suivant :
On prendra encore plus de précautions à l'égard des auteurs français, là où ils sont en usage. On les choisira avec le plus grand
soin; et, sous aucun prétexte, on ne lira et on ne vantera ceux dont
les jeunes gens ne peuvent prendre connaissance qu'au péril de
leur foi et de leurs mœurs. C'est pourquoi, après avoir pris l'avis
d'hommes versés dans la littérature française, on décidera ce qui

doit être fait à ce sujet, et le Provincial veillera à ce que le Préfet des études et les maîtres observent religieusement ce qui aura été arrêté.

35. Le Provincial fixera les heures auxquelles, pendant l'année entière, on commencera et on finira les classes, ainsi que les changements qui surviennent à certaines époques de l'année. On observera fidèlement ce qui aura été ainsi établi; on ne permettra pas facilement de retarder ou d'avancer les jours de congé hebdomadaire, et l'on aura soin de conserver l'ordre des jours de classes et des jours où elles n'ont pas lieu.

36. Si l'assiduité dans les exercices littéraires est nécessaire, quelque relâche ne l'est pas moins. On veillera cependant à ne pas introduire de nouveaux congés, et à conserver ceux qui sont établis. Voici ce qu'on peut dire à ce sujet.

37. § 1. Les grandes vacances annuelles des classes supérieures ne dureront pas moins d'un mois et ne dépasseront pas deux. Les rhétoriciens, à moins que l'usage de l'université n'exige un changement, auront un mois de vacances, les élèves de la classe d'humanités trois semaines, ceux de la plus haute classe de grammaire en auront deux, et les autres en auront une seule.

Le nouveau ratio simplifie le temps des vacances et les fixe de la manière suivante :
Elles ne dureront pas moins d'un mois et pas plus de deux pour les classes supérieures. Pour toutes les classes inférieures elles seront d'un mois environ.

§ 2. Le Provincial aura soin de faire dresser, suivant les usages du pays, la liste des jours de fête qu'il faut plutôt diminuer qu'augmenter.

§ 3. Les classes supérieures auront congé de la veille de Noël jusqu'au jour de la Circoncision. Les classes inférieures vaqueront à partir de midi, de la veille de Noël jusqu'au jour de la fête des saints Innocents.

§ 4. Dans les contrées où c'est l'usage, il y aura vacances du jour de la Quinquagésime jusqu'au mercredi des Cendres. Ce jour-là, la classe de l'après-midi aura lieu.

§ 5. Les classes supérieures vaqueront à partir du dimanche

des Rameaux jusqu'au dimanche après Pâques ; les classes inférieures depuis le jeudi saint à midi, jusqu'au mardi après Pâques.

§ 6. Il y aura congé, dans les classes supérieures, de la veille de la Pentecôte, et dans les classes inférieures, à partir de midi du même jour, jusqu'au mardi suivant ; et de plus, le jeudi de la même semaine sera encore un jour de congé.

§ 7. La veille de la Fête-Dieu, les classes supérieures et inférieures vaqueront seulement à partir de midi, et le jour de la commémoration des morts, elles ne vaqueront que le matin.

§ 8. Les jours où il n'y a classe que dans les classes inférieures, on ne diminuera en rien le temps des exercices ordinaires.

§ 9. Si l'on ne peut à cause des Supplications publiques [1] faire la classe le matin, on la fera l'après-midi. Pendant le temps des Rogations on fera la classe même le matin, là où c'est l'usage.

§ 10. Il y aura au moins un jour de repos par semaine. S'il se trouve deux jours de fête dans la même semaine, le congé hebdomadaire n'aura pas lieu, à moins que l'une des fêtes ne tombe le lundi, et l'autre le samedi, ce qui arrive assez souvent ; on pourra alors accorder un autre jour de congé. Si, dans la semaine, il y a un jour de fête, et qu'il tombe le mercredi ou le jeudi, il y aura congé ce jour-là, mais pas un autre jour. Si la fête tombe le lundi ou le samedi, on aura congé le mercredi ou le jeudi. Si enfin la fête tombe le mardi ou le vendredi, et s'il n'y a pas de sermon, et que l'on puisse donner une récréation suffisante, il n'y aura pas un autre jour de congé ; si l'on ne peut donner de récréation, il y aura congé le jeudi ou le mercredi.

§ 11. Dans les classes supérieures, il y aura un jour entier de congé par semaine. Dans les classes inférieures, on fera classe le matin ; en rhétorique, pendant deux heures. Toutes les classes auront congé une après-midi.

----

1. Les *Supplications* étaient une cérémonie publique où l'on adressait des prières pour demander l'heureuse issue d'une guerre, d'un événement important tel que la guérison d'un roi, d'un prince, etc.

Néanmoins, dès le commencement de juin, et dans toutes les classes, ce congé durera toute la journée.

38. Enfin, pour que les travaux de la Société contribuent à la plus grande gloire de Dieu, le Provincial veillera à ce que toutes les classes supérieures et inférieures observent parfaitement les règles contenues dans le *ratio studiorum* (règlement des études).

39. Et comme il peut arriver que, suivant les pays, les circonstances et les personnes, il y ait des changements à faire dans l'ordre des heures attribuées à l'étude, aux répétitions, aux disputes, aux autres exercices et même aux congés, si le Provincial pense que pour activer les progrès des études, il soit utile d'adopter dans sa province des mesures plus profitables, il en référera au Général, afin de régler tout ce qui est nécessaire et tout ce qui s'accorde le plus avec l'ordre habituel de nos études.

40. Comme résumé de ces instructions, le Provincial pensera que ce qui lui est particulièrement recommandé, c'est de veiller à l'observation de ce que prescrivent les règles du maître des classes inférieures concernant la piété, la discipline, la doctrine chrétienne, et les règles communes à tous les maîtres relativement aux mœurs, et à la piété : toutes choses qui intéressent le salut des âmes et qui sont tant de fois inscrites dans les Constitutions.

RÈGLES DU RECTEUR

1. Comme notre Société embrasse dans son enseignement les collèges et les universités, le Recteur se préoccupera avant tout des vertus solides et de la vocation religieuse des Nôtres; il veillera à ce qu'ils puissent, dans ces établissements, acquérir la science et tout ce qui est nécessaire pour le bien des âmes; et à ce qu'ils soient en état de communiquer au prochain ce qu'ils ont appris eux-mêmes. Il mettra tous ses soins à ce que

notre Société, avec l'aide de Dieu, atteigne le but qu'elle s'est proposé en fondant les collèges.

2. Il aura comme auxiliaire pour diriger les études, un Préfet des études à qui il donnera tout pouvoir pour remplir convenablement les devoirs de sa charge.

3. Il réglera et combinera toutes choses de manière à encourager et à développer tous les exercices littéraires. Il ira de temps en temps dans les classes, même dans les basses; il assistera souvent aux disputes privées et publiques des philosophes et des théologiens, et il examinera ce qui peut entraver les bons résultats de cet exercice.

4. Il ne supportera en aucune manière qu'on manque aux disputes ou aux répétitions; afin que tous les élèves comprennent que cet exercice est pour eux d'une grande importance, il supprimera tout ce qui pourrait y porter obstacle.

5. Il occupera, le moins possible, à prêcher dans les églises ou dans les couvents de femmes ceux qui, pendant deux ans, répètent leur théologie; il consultera toutefois le Provincial à ce sujet.

6. Si les professeurs ordinaires de philosophie ou de théologie viennent à manquer, il sera bon de les faire remplacer par quelques-uns de ces théologiens qui pourront aussi présider au besoin, à la place des maîtres, les répétitions et les disputes à l'intérieur. De plus, ils pourront, avec l'autorisation du Provincial, faire temporairement des prélections de philosophie et de théologie.

Le nouveau ratio ajoute :
Ou donner un abrégé des dogmes à ceux des Nôtres qui ne font que deux ans de théologie.

7. Il fera en sorte qu'il se forme, parmi les Nôtres, des académies de langue hébraïque et grecque dans lesquelles les académiciens, pendant les congés, s'exerceront deux ou trois fois par semaine, et pourront ainsi, soit en particulier, soit en public, se produire, entretenir l'étude et soutenir l'honneur de ces langues.

8. Il fera observer avec soin, dans l'intérieur du collège,

entre les Scolastiques, l'usage de la langue latine; il ne les exemptera pas de l'obligation de parler latin, si ce n'est les jours de congé et pendant les récréations; à moins que, dans certains pays, le Provincial ne juge que l'on puisse facilement, même en récréation et les jours de congé, conserver l'usage de parler latin. Il veillera aussi à ce que les Nôtres qui n'ont pas encore terminé leurs études, écrivent en latin les lettres qu'ils s'adressent entre eux. De plus, deux ou trois fois par an, quand il y aura quelque grande cérémonie, telle que le renouvellement des vœux, ou la rentrée des classes, les philosophes et les théologiens composeront des pièces de vers latins et les afficheront.

9. Pour que les maîtres des classes inférieures n'entrent pas dans l'enseignement sans être expérimentés, le Recteur choisira parmi les plus habiles dans l'art d'enseigner, quelqu'un sortant du collège d'où l'on tire habituellement les professeurs de belles-lettres et de grammaire. Les futurs professeurs se réuniront, trois fois par semaine, chez ce maître qui les préparera aux fonctions de l'enseignement, nouvelles pour eux, par des prélections, des dictées, des compositions, des corrections, en les initiant, en un mot, à tout ce qui constitue le bon professeur.

10. Soit que nos rhétoriciens et nos humanistes abordent ou n'abordent pas les prélections publiques, néanmoins, si le professeur qui en est chargé et qui s'occupe aussi des externes ne peut suffire à la charge écrasante que lui impose l'instruction des Nôtres et celle des externes, il faut alors que le Recteur confie les Nôtres à quelque autre professeur capable, qui, à l'intérieur, et en particulier, leur fera faire des exercices littéraires conformément aux règles du professeur de rhétorique.

11. Il veillera encore à ce que, de temps en temps, nos rhétoriciens prononcent, en latin ou en grec, au réfectoire, ou dans la salle d'acte, quelques discours ou récitent quelques pièces de vers, pour l'édification des personnes de l'intérieur et des externes, et pour les animer du désir de se perfectionner dans le Seigneur. On ne s'abstiendra pas pour cela des autres exercices recommandés dans les Constitutions.

La première phrase de cet article est ainsi modifiée dans le nouveau ratio :

Il veillera à ce que, de temps en temps, nos rhétoriciens débitent, soit au réfectoire, soit dans la salle d'acte, en latin, en grec ou en *français* une *déclamation* sur un sujet propre à édifier, etc. — comme dans l'ancien ratio.

12. On aura soin que les pensionnaires suivent, autant que possible, la rhétorique pendant un an avant d'entrer en philosophie. On montrera à leurs parents combien cela leur est avantageux, on engagera de même les autres externes à suivre cette voie. S'ils veulent cependant agir autrement, on ne les contraindra pas. Si quelques élèves par trop jeunes, et dont on peut craindre la turbulence, veulent entrer en philosophie, on pourra les traiter conformément à ce que les Constitutions statuent à l'égard de ceux qui ne veulent s'engager par aucune promesse, et refusent de donner leur nom à inscrire sur le registre matricule.

13. Il faut que les comédies et les tragédies soient très rares; le sujet sera pieux et tiré de l'Écriture; elles seront en latin; il n'y aura entre les actes aucun intermède qui ne soit en latin et d'une parfaite honnêteté. On n'y introduira aucun personnage et aucun habit féminins.

Nota. — *Cet article a été supprimé dans le nouveau ratio.*

14. Il pourra y avoir, tous les ans, une distribution solennelle des prix, pourvu que ce soit aux dépens de personnes de distinction, et que les frais soient proportionnés au nombre des classes, et à l'importance du collège. On mentionnera, à la distribution des prix, pour leur faire honneur, les personnes qui se sont chargées des dépenses. Le Recteur aura grand soin que les préparatifs de ces fêtes ne compromettent en rien les mœurs et les études des élèves.

Le nouveau ratio supprime la dernière phrase de cet article.

15. A la rentrée des classes, un discours sera prononcé par un des maîtres les plus distingués, à moins qu'on ne soit forcé d'agir autrement.

16. Le Recteur veillera à l'exécution des règles du Préfet de la bibliothèque relativement à ce qui doit être transcrit sur le cahier d'honneur, savoir : tout ce que l'on expose en public, ainsi que les compositions faites par les Nôtres au collège ou en dehors du collège, telles que dialogues, discours, vers et autres travaux de ce genre. Le Préfet des études ou d'autres personnes habiles dans ces sortes de choses, seront chargés de choisir ce qu'il y a de meilleur à transcrire.

17. Il ordonnera au bibliothécaire de se conformer aux instructions du Préfet des études pour la distribution des livres.

18. Tous les mois, ou tous les deux mois, il réunira en conseil tous les maîtres jusqu'à la logique exclusivement, en présence des deux Préfets des études, et du Préfet général qui y assistera quelquefois. On y lira d'abord quelques-unes des règles communes à tous les maîtres, principalement celles qui se rapportent à la piété et à la morale, puis certaines règles spéciales à chaque maître d'après leur ordre hiérarchique. Il donnera à chacun la liberté d'indiquer les difficultés qui se présentent dans l'exécution de ces règles, ou ce qui, par hasard, n'aurait pas été observé.

19. Les classes inférieures auront, une fois par semaine, un congé soit d'un jour entier, ou tout au moins, une après-midi, selon l'usage du pays.

20. Le Recteur s'appliquera à entretenir le zèle des maîtres tout en usant à leur égard de la charité chrétienne, et à ne pas trop les charger de services à l'intérieur.

Quant aux prescriptions énoncées dans la vingt-cinquième règle du Recteur, il les remplira ponctuellement avec eux.

21. Il examinera si, outre les exhortations données chaque semaine par les maîtres aux élèves, il ne doit pas charger un Père distingué de notre Société d'en donner d'autres, tous les mois, ou tous les deux mois, dans une grande salle où l'on réunirait les classes inférieures et même les classes supérieures.

Il verra encore si l'usage ne veut pas que le Préfet des études aille lui-même, de temps en temps, dans chaque classe donner aux enfants des conseils salutaires qui leur soient propres.

Le nouveau ratio ajoute les instructions suivantes relativement aux classes supérieures :

Il veillera encore à ce que les classes supérieures aient, tous les mois au moins, une exhortation; et si c'est utile, pour acquérir une connaissance plus complète de la doctrine chrétienne, des instructions particulières dont le but est de prémunir les jeunes gens contre ce qui peut porter atteinte à leur foi et à leurs mœurs.

22. Dès que le Provincial aura adjoint au Préfet des études inférieures un collègue qu'on pourra appeler Préfet de discipline on lui appliquera la seconde règle du Préfet des classes inférieures, et les règles du même Préfet relatives à la morale, à partir du n° 37 jusqu'à la fin; et, si on le trouve utile, les règles sur l'examen des novices à partir du numéro 9 jusqu'à 13.

23. Il aura soin de propager dans son collège, d'après ce qui se fait au collège romain, la Congrégation de l'Annonciation de la Sainte-Vierge; quiconque refusera de s'y faire inscrire ne sera pas admis à l'académie où l'on repasse ordinairement les exercices littéraires, à moins que le Recteur ne juge, dans le Seigneur, préférable d'agir autrement. Toutefois, les exercices de la Congrégation ou de l'académie n'auront pas lieu aux heures consacrées dans notre chapelle aux sermons et aux lectures.

24. Enfin, pour les congés et les grades, en ce qui concerne les Nôtres à qui l'on accordera le privilège de repasser pendant deux ans la théologie, et pour d'autres questions, il consultera le Provincial et exécutera avec soin ses instructions.

RÈGLES DU PRÉFET DES ÉTUDES

1. D'une manière générale, l'office du Préfet des études consiste à être l'instrument du Recteur, pour bien ordonner les études, régler et diriger nos classes suivant le pouvoir qui lui a été donné, afin que les élèves fassent, pour la gloire de Dieu, le plus de progrès possible dans la conduite d'une vie honnête, dans les arts libéraux, et dans tout ce qui leur est enseigné.

2. S'il y a, par hasard, un Chancelier distinct du Préfet, le Provincial verra quelles sont les règles communes à ces deux fonctionnaires, quelles sont celles qui regardent spécialement chacun d'eux, suivant la coutume et les statuts de chaque académie.

3. Le Préfet ne changera rien à l'ordre des études tel qu'il est établi; il ne prendra pas d'autres dispositions : mais s'il est nécessaire d'en prendre de nouvelles, il en référera au Supérieur.

4. Le livre sur le *règlement des études* (ratio studiorum) lui sera familier; il aura soin d'en faire observer les règles par tous les élèves et tous les professeurs; principalement celles relatives à la doctrine de saint Thomas pour les théologiens, et au choix des opinions prescrites aux philosophes. Il y veillera quand il faudra défendre les Constitutions et surtout quand on les publiera par la voie de la presse.

Au lieu de Constitutions *le nouveau ratio met* Conclusions.

5. Il rappellera à chaque professeur de philosophie et de casuistique, si quelqu'un est en retard dans son cours, qu'il doit regagner le temps perdu et terminer les matières indiquées pour chaque année d'études.

6. Le Préfet des études présidera toutes les disputes auxquelles assistent les professeurs de théologie et de philosophie; il donnera aux concurrents le signal de la fin de la dispute et répartira le temps pour que tous les élèves puissent disputer chacun à son tour. Il ne permettra pas qu'il survienne au cours de la dispute une difficulté qui laisse la question aussi indécise après qu'avant. Une fois la dispute terminée, il aura soin que celui qui la dirige [1] développe la question à son tour. Il ne donnera pas la solution des arguments, mais il dirigera les argumentants et ceux qui leur répondent, et il le fera avec un grand profit, s'il parvient à aplanir une difficulté, non en argumentant lui-

[1]. Ainsi qu'on le verra plus tard, le directeur ou président de la dispute était un élève, tandis que le président de la séance était le Préfet des études.

même (quoique cela soit utile quelquefois), mais en interrogeant.

7. Il avertira en temps opportun le Supérieur de réunir les professeurs, et de désigner, après les avoir entendus, ceux qui doivent soutenir des thèses sur la théologie entière, ou sur une partie de la théologie; ceux à qui il n'est pas accordé de répéter pendant deux ans la théologie; ceux qui doivent soutenir des actes à la quatrième année de leurs études, ou à la troisième s'il n'y a pas assez d'élèves de quatrième année, et cela dans les villes où les Nôtres suivent des cours de théologie non publics, mais dans l'intérieur de nos maisons. On invitera des personnes du dehors à assister à ces soutenances qui auront lieu avec quelque solennité. Il n'est pas nécessaire d'admettre aux actes généraux tous ceux qui ont soutenu des actes particuliers; on pourra choisir ceux qui se sont distingués par leur talent et leur mérite; quant à ceux qui doivent répéter leur théologie pendant deux ans, ils soutiendront leurs actes pendant ces deux ans comme il sera dit plus tard.

8. Le Préfet distribuera à chacun d'eux, de concert avec les maîtres, les sujets des actes particuliers, qui seront tirés des quatre parties de la théologie. Ces actes n'auront pas lieu trop souvent, mais à certains intervalles, et ils dureront pour le moins deux heures et demie. Ce sera le matin, ou seulement à partir du dîner; il n'y aura pas moins de trois argumentants, et l'un d'eux sera le plus souvent un docteur.

Le nouveau ratio supprime l'obligation de choisir les sujets dans les matières des quatre parties de la théologie.

9. Les actes généraux embrassent presque toute la théologie; ils occuperont le matin et l'après-midi, où tout au moins ils dureront quatre ou cinq heures soit le matin, soit dans l'après-midi, là où l'on a coutume de disputer.

10. Les conclusions de ces actes généraux pourront être communes, si on le juge utile, à tous ceux des Nôtres qui les soutiendront la même année; et l'on pourra les faire imprimer, si c'est la coutume du pays.

11. Un de ceux qui doivent soutenir ces actes réservera la

soutenance de l'un d'eux, s'il le peut commodément, pour la dernière semaine de l'année scolaire, et celle d'un autre pour la première semaine de la rentrée des classes.

12. On invitera, tous les ans, aux actes généraux les externes qui ont achevé avec succès leur cours de théologie dans un de nos gymnases. Il faut que ces sortes d'actes soient plus solennels que les autres, et que l'on y invite le plus grand nombre possible des Nôtres, des docteurs étrangers, et de grands personnages.

13. Tous les actes seront présidés par des professeurs qui alterneront, ou qui présideront ensemble, de manière à ce que chacun d'eux réponde aux questions qu'il aura posées; d'autres docteurs pris parmi les Nôtres pourront également présider.

14. Les conclusions des actes généraux ne seront pas trop longues. Il n'y en aura pas plus de cinquante environ. Il y en aura moins si la coutume de l'académie veut qu'il en soit ainsi, mais, dans les actes particuliers, il n'y aura pas plus de vingt conclusions; dans les disputes mensuelles il n'y en aura pas plus de douze ou quinze, et dans les disputes hebdomadaires pas plus de huit ou neuf.

Cet article se trouve ainsi modifié dans le nouveau ratio :

Dans tous les actes quels qu'ils soient, chaque conclusion n'embrassera pas un trop grand nombre de questions. Dans les actes généraux il y aura cinquante conclusions environ; vingt dans les actes particuliers; douze ou quinze dans les disputes mensuelles; neuf dans les disputes hebdomadaires, à moins que les habitudes de l'académie n'en réclament un nombre plus ou moins grand.

15. Avant d'aborder la dispute, celui qui répondra confirmera une ou deux conclusions en peu de mots bien choisis mais dans la forme théologique.

16. Quant aux disputes mensuelles et hebdomadaires, le Préfet fera observer avec soin les prescriptions mentionnées dans les règles des professeurs de théologie et de philosophie.

17. Il conférera avec les maîtres au moins une fois par mois; de temps en temps il lira les notes, les observations des élèves; s'il remarque, ou s'il entend dire quelque chose de répréhensible, dès qu'il se sera bien assuré du fait, il en aver-

tira le maître avec bienveillance et politesse, et s'il est besoin, il en référera au Recteur.

18. Il agira de même si, en revisant les conclusions, il y a quelque désaccord entre le maître et lui; il ne doit rayer ou changer aucune conclusion à l'insu du maître. S'il y a un changement à faire, tout le monde doit l'ignorer, excepté le Recteur.

19. A la fin de la troisième année du cours de philosophie, des disputes auront lieu sur toute la philosophie. On n'y appellera que quelques élèves parfaitement préparés, dignes de soutenir l'honneur de la dispute, et s'étant fait remarquer par leurs progrès.

Le nouveau ratio supprime les mots : à la fin de la troisième année de philosophie, et se contente de dire : à la fin du cours de philosophie.

20. Ils seront choisis par trois examinateurs ou plus, qui seront toujours le Préfet, leur propre maître, auxquels le Recteur adjoindra un troisième examinateur pris parmi les autres maîtres; ou bien, on prendra toute autre personne jugée digne de bien remplir ces fonctions. A ces trois examinateurs on adjoindra au moins deux autres professeurs choisis par le Recteur et pouvant être changés à tour de rôle. Si cela ne se peut, on prendra d'autres personnes très capables qui, de concert avec les trois examinateurs, donneront leur suffrage par écrit. Il y aura ainsi cinq suffrages secrets et les juges devront garder un secret absolu.

Au commencement de cet article 20 le nouveau ratio spécifie que les élèves seront examinés sur toute la philosophie.

21. Il suffira que les pensionnaires soient examinés par leur Préfet et deux répétiteurs de philosophie, ou si ces derniers font défaut, par des étudiants en théologie pris parmi les plus instruits des Nôtres : ils seront désignés par le Préfet général. Ceux que ces juges reconnaîtront capables ne se prépareront à soutenir un acte qu'après en avoir reçu l'autorisation de leur maître et du Préfet général.

22. Cet examen sera sévère, on n'en exemptera presque aucun des Nôtres, et s'il se peut, aucun des élèves externes ou

pensionnaires. Il sera public, à moins qu'il n'y ait quelques empêchements, et il aura lieu, s'il est question des Nôtres, en présence de tous nos étudiants en philosophie; s'il est question des pensionnaires, en présence de tous les philosophes de leur collège; s'il est question des externes (qui ne sont pas forcés de subir cet examen), en présence de tous les philosophes externes de la classe.

23. L'examen commencera immédiatement après les fêtes de Pâques, ou même avant, si le nombre des élèves à examiner est considérable, et les jours seront fixés par le Recteur, de concert avec le Préfet, le maître et dans l'ordre qui semblera le meilleur. Chaque examen durera au moins une heure; il roulera sur toutes les matières importantes que le Préfet indiquera aux examinateurs en secret et au moment qu'il jugera convenable.

Le nouveau ratio fixe l'examen non après les fêtes de Pâques, mais à la fin de l'année.

24. Les actes philosophiques occuperont au moins tout le temps des classes, soit le matin, soit l'après-midi. Il y aura trois argumentants; l'un d'eux sera le plus souvent un de nos maîtres de philosophie ou de théologie, ou un docteur ecclésiastique, ou un maître du dehors. Le nombre des conclusions et la manière de les exposer ne différeront pas de ce qui a été établi par les règles 9, 10, 11 et 12 relativement aux conclusions de théologie générale.

25. Le Préfet aura soin que non seulement ceux qui ont suivi les cours de théologie et de philosophie assistent aux actes de théologie et de philosophie, mais encore que les professeurs y assistent aussi. Les professeurs rendront la soutenance plus solennelle et plus animée en argumentant et en pressant les discussions. Tous seront présents quand on conférera à quelqu'un la maîtrise ou le doctorat; le Recteur prescrira au Préfet ce qu'il doit faire dans cette circonstance.

26. Lorsque les externes invitent les Nôtres à disputer, soit dans des académies publiques, soit dans des assemblées ecclé-

siastiques, on y enverra ceux à qui l'on a accordé le *biennium* [1] pour répéter la théologie.

27. Le Préfet ne se bornera pas à prescrire aux Nôtres, et aux externes par l'entremise des maîtres, la manière d'étudier, de répéter et de disputer, mais il répartira encore le temps de façon à bien régler les heures consacrées aux études particulières.

28. Il ne permettra pas que ceux qui sont promus aux grades, ou qui soutiennent des actes généraux ou particuliers, ou que les rhétoriciens récitent en public, à l'intérieur ou au dehors, rien qu'il n'ait bien examiné et qu'il n'ait approuvé.

29. Il veillera à ce que les Scolastiques ne manquent pas de livres nécessaires, mais qu'en revanche ils n'en aient pas trop d'inutiles. C'est pourquoi, il fera de bonne heure un rapport au Recteur pour que les Nôtres et les externes aient en suffisante quantité les livres dont ils se servent tous les jours, ou dont ils se serviront l'année suivante.

30. Avec l'autorisation du Recteur et l'avis des maîtres, il accordera non des livres quelconques à tous ceux qui suivent les cours de théologie et de philosophie, mais certains livres approuvés, savoir : aux théologiens, la Somme de saint Thomas ; aux philosophes, Aristote et quelques commentaires choisis qu'ils consulteront en particulier. Tous les théologiens auront entre les mains le concile de Trente, la Bible dont la lecture leur sera familière. Le Recteur examinera s'ils doivent avoir quelque Père de l'Église. De plus, on distribuera aux théologiens et aux philosophes quelque ouvrage concernant les études d'humanités, et on leur conseillera de ne pas manquer de le lire aux heures où ils pourront le faire sans inconvénient.

Le nouveau ratio a modifié cet article de la manière suivante :
Le Préfet des études, avec l'approbation du Recteur et après avoir pris l'avis des maîtres, accordera aux élèves de théologie et de philosophie non des livres quelconques, mais certains ouvrages approuvés, savoir : aux théologiens, outre l'auteur à expliquer dans la classe, la somme de saint Thomas et son commentaire, ou un autre auteur choisi ; ajoutons, le concile de Trente et un volume de

1. Le *biennium* était le privilège de répéter la théologie pendant deux ans.

la Bible dont ils feront leur lecture familière. Le Préfet des études examinera encore avec le Recteur si les théologiens ne doivent pas avoir quelque Père de l'Église ou quelque historien ecclésiastique.

Les philosophes, outre un auteur classique, auront encore un autre auteur approuvé. On distribuera encore aux théologiens et aux philosophes un ouvrage sur les études d'humanités, et on les préviendra de ne pas manquer de le lire, aux heures où ils pourront le faire sans inconvénient.

RÈGLES COMMUNES A TOUS LES PROFESSEURS
DES FACULTÉS SUPÉRIEURES

1. Le professeur aura spécialement en vue, soit dans ses leçons quand l'occasion se présentera, soit en dehors de ses leçons, de porter ses auditeurs à l'obéissance, à l'amour de Dieu et des vertus qu'il faut pratiquer pour lui plaire, afin que toutes leurs études se rapportent à ce but.

2. Pour leur rappeler ces devoirs, on dira, avant de commencer la leçon, une courte prière composée à cette intention. Le professeur et tous les élèves l'écouteront attentivement, la tête découverte, ou, tout au moins, le professeur ne commencera son cours qu'après avoir fait le signe de la croix et la tête découverte.

3. De plus, il secondera la piété de ses élèves par de fréquentes prières à Dieu, et par les bons exemples de sa vie religieuse. Il ne manquera pas de leur faire des exhortations [1], tout au moins la veille des jours de fête, et lorsqu'il y a des congés assez longs. Il les exhortera surtout à prier Dieu; à faire, le soir, leur examen de conscience; à s'approcher fréquemment et religieusement des sacrements de Pénitence et d'Eucharistie; à entendre, tous les jours, la messe; un sermon les jours de fête; à éviter les mauvaises habitudes; à détester les vices, et à pratiquer les vertus dignes d'un chrétien.

4. Il obéira au Préfet des études en tout ce qui concerne les

---

1. *Les exhortations étaient un exercice pieux pareil à une homélie, un petit sermon.*

études et la discipline des classes; il lui donnera, pour qu'il les examine, toutes les conclusions avant qu'elles soient proposées; il n'expliquera aucun livre ou aucun auteur en dehors de la liste officielle; il n'introduira aucune méthode nouvelle d'enseignement ou de dispute.

5. Dans les questions où l'on est libre de choisir son rôle, le défendeur se rendra modestement et de bon cœur à l'appréciation de son adversaire et, bien plus, à celle du professeur s'il a enseigné le contraire de ce qu'il soutient. Il est à désirer qu'on ne néglige pas de concilier les opinions des auteurs, si c'est possible. Enfin, on sera modeste en nommant ou en réfutant les auteurs.

6. Personne, même dans les choses où il n'y a aucun danger pour la foi et pour la piété, n'introduira de nouvelles questions de quelque importance, ou l'opinion d'auteur recommandable, sans prendre l'avis de ses chefs; il n'enseignera rien de contraire aux axiomes des docteurs et à la doctrine des écoles. On suivra de préférence celle des docteurs les plus approuvés, et l'on soutiendra, suivant les circonstances, ce qui a été admis dans les académies catholiques.

7. Le professeur n'émettra pas d'opinions inutiles, surannées, absurdes et manifestement fausses; il ne s'arrêtera pas à les exposer et à les réfuter; il s'appliquera à prouver les conclusions, non point tant par le nombre des arguments que par leur valeur; il ne s'écartera pas de son programme pour traiter des matières qui lui sont étrangères; ou bien, parmi les questions de son cours, il ne traitera pas les unes avec plus de développement qu'elles ne le comportent, et les autres à la place qui ne leur convient pas; il ne laissera pas s'accumuler les objections, mais il exposera rapidement les plus importantes, et il les réfutera, à moins que leur réfutation ne découle facilement des principes de son enseignement.

8. Il n'invoquera pas trop souvent l'autorité des docteurs; s'il a cependant pour bien établir son opinion le témoignage des auteurs les plus recommandables, il pourra citer fidèlement mais brièvement ce qu'ils ont dit. Il citera de préférence le texte des saintes Écritures, des Conciles et des saints Pères. Il est

de la dignité d'un maître de ne citer aucun auteur qu'il n'ait lu.

9. Si un maître peut, sans recourir à la dictée, enseigner de telle façon que ses auditeurs soient en état de recueillir commodément tout ce qui mérite d'être écrit, il est à désirer alors qu'il ne dicte pas son cours, ou du moins qu'il ne le dicte pas mot à mot en s'arrêtant, mais que cette dictée se fasse pour ainsi dire tout d'une haleine et en répétant les mots, si c'est nécessaire. On ne dictera pas une question tout entière pour l'expliquer ensuite, mais on dictera et on expliquera tour à tour.

Le nouveau ratio ajoute :
Si l'on choisit un auteur pour en faire des prélections, que cet auteur soit d'une doctrine solide et sûre, et que ce choix n'ait pas lieu sans l'autorisation du Provincial, et même alors, le professeur devra, tous les ans, exposer à ses auditeurs quelque question particulière élaborée par lui.

10. Il expliquera plutôt qu'il ne dictera les questions impromptu qu'on lui présentera, et il renverra ses auditeurs aux auteurs qui ont traité le sujet en question en détail et avec soin.

11. Après la leçon, il restera un quart d'heure au moins en classe, ou près de la classe, afin que ses élèves puissent l'interroger. De temps en temps, il exigera qu'on lui rende compte des leçons, et il aura soin qu'on les répète.

Le nouveau ratio au lieu de temps en temps met souvent.

12. Tous les jours, excepté les samedis, les jours de congé, et les jours de fête, on assignera aux Nôtres, une heure pour répéter en dehors de la classe et disputer, afin qu'ils exercent par ce moyen leur intelligence et qu'ils s'habituent à résoudre les difficultés qui se présentent. On préviendra un ou deux élèves qu'ils auront à répéter, de mémoire la leçon du maître, pendant un quart d'heure ; ensuite, un ou deux argumenteront et un ou deux leur répondront. S'il reste du temps, on proposera quelque question douteuse, mais pour qu'il reste du temps, le professeur devra tenir sévèrement à ce qu'on ne s'écarte pas des règles de l'argumentation, et si l'on ne dit rien de neuf, il mettra fin immédiatement à l'argumentation.

13. Vers la fin de l'année, on répétera les leçons de tout le cours, de façon qu'il y ait un mois de libre, non seulement après la fin du cours, mais encore après les répétitions.

Le nouveau ratio a modifié cet article de la manière suivante :
Vers la fin de l'année, on réglera les répétitions de manière que tout le cours soit répété, autant que possible, avant les vacances.

14. Le samedi, ou un autre jour fixé par les usages de l'académie, on disputera dans les classes pendant deux heures, ou plus longtemps encore, s'il y a beaucoup d'externes. Si, dans la semaine, il y a deux jours de fête, ou que le congé hebdomadaire tombe en même temps qu'un jour de fête, on ne disputera pas, mais on lira le samedi ; si cela continuait pendant trois semaines, on intercalerait une dispute pendant ces trois semaines.

15. Dès que l'usage de l'académie ne s'y oppose pas, tous les mois, ou, s'il y a peu d'étudiants, tous les deux mois, excepté les trois derniers mois de l'été, il y aura, à certains jours, des disputes communes, soit avant, soit après midi ; autant de maîtres, autant d'étudiants ; chaque étudiant soutiendra les questions posées par chaque maître.

16. Assisteront à ces disputes, autant que possible, d'autres docteurs pris parmi les Nôtres, ainsi que des professeurs, alors même qu'ils appartiendraient à des facultés différentes. Leur présence donnera plus d'animation, de force aux débats et aux arguments que l'on soutiendra ; à condition toutefois qu'ils n'entreprennent pas de poursuivre à outrance l'argument auquel l'argumentant consacre toutes ses forces. On peut encore inviter des docteurs, même en dehors de notre Société, et leur permettre d'argumenter, en se conformant au règlement, à moins que les habitudes de quelques localités ne s'y opposent.

17. On n'admettra aux disputes publiques que des étudiants très instruits, les autres s'exerceront en particulier, et ne paraîtront en public que lorsqu'ils seront assez avancés pour y figurer dignement.

18. Le professeur regardera le jour de la dispute comme n'exigeant pas moins de travail et n'étant pas moins utile que celui de la leçon ; il songera que tout le fruit, la chaleur et l'en-

train de la dispute dépendent de lui; il la dirigera en se figurant que c'est lui-même qui dispute dans la personne des deux champions. Il applaudira à tout ce que l'on dira de bien, et exigera que les assistants soient attentifs. Si l'on propose quelque difficulté sérieuse, il suggérera une courte solution, qui donnera du courage au défendeur et guidera l'argumentant; il ne gardera pas le silence pendant longtemps, mais, d'un autre côté, il ne parlera pas constamment, pour que ses élèves puissent montrer leur savoir. Quant à lui, il corrigera et polira ce qui est sujet à contestation; il obligera celui qui dispute à ne pas s'arrêter tant qu'il y aura quelque difficulté à vaincre; bien plus, il augmentera lui-même la difficulté. Si l'argumentant s'égare dans un raisonnement étranger à la question, il ne le cachera pas; il ne souffrira pas que l'on prolonge indéfiniment la discussion d'une question presque résolue, ou qu'on défende longtemps une réponse mal établie. Après quelques escarmouches entre les combattants, il définira tout le sujet en peu de mots, et l'éclaircira. S'il est d'usage que les disputes soient plus fréquentes et plus vives, il suivra avec soin ce qu'on a coutume de faire.

19. Il s'entendra de temps à autre avec un auxiliaire ou un bedeau nommé par le Recteur; il s'informera auprès de lui de l'état de toute sa classe, du travail et des progrès des externes; il veillera à ce que cet auxiliaire ou ce bedeau s'acquitte fidèlement et avec soin de ses fonctions.

20. Enfin, il sera en toutes choses, avec l'aide et la grâce de Dieu, laborieux, assidu et plein de zèle pour activer les progrès de ses élèves, soit dans ses leçons, soit dans les autres exercices littéraires; il ne se montrera pas plus familier avec l'un qu'avec l'autre; il ne méprisera personne, veillera tout autant aux études des pauvres qu'à celle des riches, et portera une attention particulière aux progrès de chacun des élèves qui suivent son cours.

RÈGLES DU PROFESSEUR D'ÉCRITURE SAINTE

1. Il doit comprendre que son principal devoir est d'expliquer pieusement, savamment, sérieusement les saintes Écritures, d'après leur sens véritable et littéral, pour assurer la foi en Dieu et les règles d'une pure morale.

2. Entre autres choses, il aura surtout pour but de défendre la version approuvée par l'Église.

3. Il observera les expressions et les figures propres aux saintes Écritures pour en comprendre le sens véritable et il comparera soigneusement entre eux, non seulement les antécédents et les conséquents du passage qu'il étudie, mais encore les autres passages où les mêmes expressions ont ou n'ont pas la même signification.

4. Il s'appuiera pour cela, mais sans s'y arrêter longtemps, sur des éditions grecques et hébraïques, et il ne le fera que tout autant qu'il y aura désaccord entre les versions hébraïques, grecques, et la version latine appelée Vulgate; ou bien, quand les idiotismes des autres langues servent à éclaircir une difficulté et à donner le véritable sens.

5. Il n'entreprendra de réfuter que les erreurs spécieuses les plus saillantes des autres versions latines modernes, les versions chaldaïque, syrienne de Théodotien, d'Aquila, de Symmaque. Il ne négligera pas d'insister sur ce qui peut recommander l'édition latine de la Vulgate, et augmenter notre foi dans les saints mystères. Il parlera surtout avec éloge des soixante-dix interprètes des saintes Écritures.

6. Si les canons indiquent que le sens littéral d'un passage est celui qu'ont donné des pontifes ou des conciles, surtout généraux, il soutiendra que ce sens est absolument le vrai sens littéral, et il n'en admettra pas d'autre, à moins de circonstances extraordinaires. Si les canons disent que pour confirmer un dogme de notre foi tel sens est légitime, il enseignera que ce sens littéral ou mystique est le véritable sens.

7. Il marchera avec respect sur les traces des saints Pères, et il adoptera leur interprétation s'ils sont d'accord sur un sens littéral ou allégorique, surtout dans leurs savantes dissertations sur les saintes Écritures ou sur les dogmes; s'ils sont en désaccord, il préférera celle de leurs différentes interprétations vers laquelle l'Église depuis de longues années paraît pencher le plus.

8. Bien plus, s'il est un dogme de foi que la plupart des Pères ou des théologiens s'efforcent de prouver d'après les saintes Écritures, il regardera ces preuves comme inattaquables.

9. S'il se trouve dans les ouvrages des rabbins certaines choses à citer en faveur de la version latine de la Vulgate ou des dogmes catholiques, il les citera, sans leur donner pour cela de l'autorité, de peur qu'on ne se mette de leur parti, surtout s'il s'agit de ceux qui ont écrit après la mort de Notre Seigneur Jésus-Christ.

10. Il ne passera pas son temps à examiner les autres travaux des rabbins, ou à discuter leurs erreurs, à moins qu'elles n'aient fait beaucoup de bruit; il ne lira pas aussi certains commentateurs chrétiens qui ont suivi les rabbins plus qu'ils ne devaient le faire.

Le nouveau ratio ajoute :
(Ou qui se sont trop témérairement fiés à leur propre interprétation).

11. Bien plus, il ne s'en rapportera pas à la ponctuation inventée par les rabbins, mais il examinera comment notre R. P. Suarez, ou les Septante, ou les anciens commentateurs ont lu les livres saints alors que la ponctuation n'existait pas.

12. Pour ne pas retarder les progrès des élèves, il n'insistera pas trop sur un passage de l'Écriture, quel qu'il soit, à moins qu'il n'ait une grande importance. Il obtiendra des progrès en ne faisant que parcourir, ou même en passant ce qui est très facile.

Le nouveau ratio n'a apporté à cet article qu'une petite modification : au commencement de l'année il exposera rapidement les règles concernant l'interprétation de l'Écriture sainte.

13. Il ne traitera pas les questions particulières aux saintes Écritures dans la forme scolastique.

14. Il ne consacrera pas beaucoup de temps à faire des recherches sur la chronologie, l'archéologie, la géographie sacrée ou sur toute autre chose de ce genre dont l'utilité n'est pas grande (à moins cependant que le passage à expliquer n'exige des recherches). Il suffira d'indiquer les auteurs qui ont traité ces sujets en détail.

15. Il ne passera pas sous silence les allégories et les moralités des textes expliqués, si elles ne sont pas connues, si elles semblent, pour ainsi dire, nées du sens littéral de la phrase, et présentent quelque chose d'ingénieux et de piquant. Quant à celles qui n'ont pas ce caractère, il se contentera d'indiquer les Pères d'où on peut les tirer.

Le nouveau ratio ajoute : il reproduira cependant celles qui peuvent servir pour les sermons.

16. S'il tombe sur un passage où nous sommes en contradiction avec les hérétiques, ou qui est discuté de part et d'autre dans des concertations théologiques, il se contentera d'établir sérieusement et énergiquement, surtout s'il se trouve devant des hérétiques, le sens du passage et son importance pour bien définir la question ; il passera sous silence tout le reste et se rappellera qu'il ne doit pas enseigner autre chose que les saintes Écritures.

17. A moins qu'on ne juge qu'il faille agir autrement, il enseignera alternativement, une année le Nouveau, et l'autre année l'Ancien Testament.

18. Il ne reportera pas d'une année sur une autre, à moins de motif grave, le livre qu'il n'a pas achevé ; bien plus, il ne reviendra sur l'explication d'un même livre qu'après avoir expliqué la plus grande partie des principaux livres.

19. Outre les répétitions qui se font une fois par semaine à l'intérieur, suivant les prescriptions du Recteur, il y aura encore, de temps en temps, des leçons au réfectoire.

20. A la place de la leçon ordinaire, on désignera de temps en temps un élève qui expliquera un passage célèbre des saintes

Écritures. Aussitôt qu'il l'aura terminé, un de ses condisciples argumentera contre lui, mais en ne sortant pas des différents passages des saintes Écritures ou des idiotismes de langues, ou des interprétations des Pères de l'Église.

RÈGLES DU PROFESSEUR D'HÉBREU

1. Il n'aura rien plus à cœur que d'interpréter fidèlement le texte original de la sainte Écriture.

2. Défendre énergiquement la version approuvée par l'Église sera, parmi toutes les autres choses, celle qui doit surtout fixer son attention.

3. Au commencement de l'année, il expliquera les premiers rudiments de la grammaire hébraïque; ensuite, tout en poursuivant les autres matières, il expliquera, parmi les plus faciles, quelque livre de l'Écriture sainte.

4. Dans cette explication, il ne s'attachera pas tant à bien peser la valeur des idées et des choses qu'à observer la force et la valeur des mots, les idiotismes propres à la langue, les règles de grammaire conformes au bon usage des auteurs.

5. Il enseignera enfin de manière à atténuer par son habileté la peine que certaines personnes éprouvent en étudiant cette difficile langue étrangère.

Le nouveau ratio ajoute l'article suivant :
6. Il s'appliquera enfin à chercher dans les autres langues orientales des secours propres à perfectionner la connaissance de la langue hébraïque.

RÈGLES DU PROFESSEUR DE THÉOLOGIE SCOLASTIQUE

Le nouveau ratio a supprimé dans ce titre le mot scolastique.

1. Il doit comprendre que ses fonctions exigent qu'il joigne une solide subtilité de discussion à la foi orthodoxe et à la piété, c'est surtout à cette dernière qu'il doit s'attacher.

2. Les Nôtres doivent suivre entièrement dans la théologie scolastique la doctrine de saint Thomas, regarder ce théologien comme leur docteur propre, et mettre tous leurs soins à lui concilier l'attachement des élèves. Il ne faut cependant pas entendre par là qu'on doive être tellement attaché à saint Thomas, qu'on ne puisse, en aucune manière, avoir d'autres opinions que les siennes; car il y a des personnes qui, tout en faisant profession d'être *thomistes*, n'ont pas quelquefois les mêmes opinions que lui. Il ne faut pas que les Nôtres soient plus strictement attachés à saint Thomas, que les thomistes eux-mêmes.

3. Mais ils suivront sa doctrine sur la Conception de la Sainte-Vierge, et sur la solennité des vœux. Cette doctrine est du reste celle qui, de nos jours, est la plus généralement adoptée par les théologiens et par l'Eglise. Dans les questions purement philosophiques, et même dans celles relatives aux saintes Ecritures et aux canons, ils pourront suivre l'opinion d'autres auteurs qui les ont traitées plus complètement.

4. S'il se trouve dans saint Thomas quelques opinions peu claires, ou bien d'autres questions que saint Thomas n'a peut-être pas traitées, et sur lesquelles les docteurs catholiques ne sont pas d'accord, on pourra suivre tel parti que l'on voudra, comme il a été dit dans les règles communes (cinquième règle).

5. On aura grand soin, en enseignant, de fortifier la foi et d'entretenir la piété. C'est pourquoi, dans les questions que saint Thomas ne traite pas *ex professo*, on n'enseignera que ce qui est en parfait accord avec les sentiments de l'Eglise, les traditions reçues, et ce qui ne peut diminuer en rien la fermeté d'une solide piété. Il s'en suit qu'on réfutera les raisons qui n'ont pas encore été admises, quoique congruentes, et que l'on donne ordinairement comme preuves des choses de la foi; on n'en inventera pas de nouvelles, à moins qu'elles ne reposent sur des principes constants et solides.

6. On n'enseignera pas et on ne soutiendra pas dans une province ou dans une académie où l'on saurait qu'elles blessent gravement les catholiques, certaines opinions, quel qu'en soit l'auteur. Dans les localités où la doctrine de la foi et la pureté

des mœurs ne court aucun danger, une charité prudente exige que les Nôtres se conforment au caractère de ceux avec qui ils se trouvent.

Nota. — Suivent les détails concernant le cours de théologie qui dure quatre ans. — Comme ces détails n'ont aucun intérêt au point de vue de l'enseignement secondaire, nous les passerons sous silence. Il en sera de même pour la liste des questions théologiques tirées de saint Thomas, ainsi que pour les questions sur les sacrements en général, et sur le Baptême, l'Eucharistie, la Pénitence, le Mariage et les règles du professeur de cas de conscience que le nouveau ratio a du reste supprimées.

RÈGLES DU PROFESSEUR DE PHILOSOPHIE
D'après le règlement de 1616.

Nota. — *Tout ce chapitre ayant été modifié dans le nouveau ratio, nous donnerons l'un et l'autre séparément.*

1. Puisque les arts et les sciences naturelles disposent les esprits à la théologie et en facilitent la connaissance parfaite et la pratique ; puisque l'on y trouve un grand secours pour arriver par eux au même but, il est bon que l'on traite avec le plus grand soin, pour l'honneur et la gloire de Dieu, ce qui peut préparer les élèves et surtout les Nôtres à la théologie, et qu'on les anime, le plus possible, du désir de connaître leur Créateur.

2. Dans les questions de quelque importance, on suivra Aristote, à moins qu'il ne s'y trouve certaines choses qui diffèrent de ce que les académies approuvent partout, et qui soient contraires à la foi orthodoxe. S'il y a dans Aristote ou dans tout autre philosophe des arguments contraires à cette foi, on s'appliquera à les réfuter énergiquement, en se conformant aux décisions du concile de Latran.

3. Ce n'est pas sans en avoir fait un choix scrupuleux, qu'on lira et qu'on produira en classe les interprètes d'Aristote contraires à la religion chrétienne ; on veillera à ce que les élèves ne s'y attachent pas.

4. C'est pour cela qu'on ne mentionnera pas dans quelque

traité particulier, les digressions d'Averroës (on en fera autant pour les autres auteurs de même espèce); s'il se trouve quelque chose de bon à tirer de leurs œuvres, on le citera, sans en faire l'éloge, et, si c'est possible, on montrera qu'on l'a tiré d'autre part.

5. Ni le professeur, ni ses élèves ne s'attacheront à aucune secte d'Averroïstes, d'Alexandrins, ou de philosophes semblables; on montrera les erreurs d'Averroës, d'Alexandre et des autres philosophes, et l'on en tirera parti pour abaisser fortement leur autorité.

6. On ne parlera au contraire que très honorablement de saint Thomas; on en suivra la doctrine de tout cœur, partout où on la trouvera bonne; et là où elle conviendra moins, on l'abandonnera avec peine, tout en conservant pour saint Thomas le plus profond respect.

7. On ne mettra pas moins de trois ans pour professer le cours complet de philosophie; deux heures lui seront consacrées tous les jours; une heure le matin et une heure l'après-midi, à moins que quelques universités n'aient réglé les heures autrement.

8. On ne terminera pas le cours avant les vacances ou du moins à une époque très rapprochée des vacances qui ont lieu habituellement à la fin de l'année scolaire.

9. § 1. Pendant la première année on expliquera la logique; le premier semestre sera consacré non point tant à dicter qu'à expliquer ce qu'on trouve de plus nécessaire dans les traités de Tolet ou de Fonseca.

§ 2. Dans les prolégomènes de la logique on discutera seulement la question de savoir si c'est une science et sur quel sujet elle porte. On attendra, pour la placer dans la métaphysique, la discussion complète des universaux, et l'on se contentera d'en donner un faible aperçu.

§ 3. On exposera, parmi les plus faciles, quelques catégories tirées d'Aristote, et l'on remettra les autres à la dernière année. Cependant, comme l'*analogie* et la *relation* sont très souvent l'objet de disputes, on en parlera en logique autant qu'il est nécessaire.

§ 4. On parcourra rapidement le second livre de l'*Interpré-*

tation et les deux livres des *Premiers analytiques*, à l'exception des huit ou neuf premiers chapitres du premier livre ; on exposera les questions particulières qu'ils renferment ; et l'on traitera très rapidement la question des *contingents*, dans laquelle on ne dira rien du *libre arbitre*.

§ 5. Et pour que la seconde année soit complètement consacrée à la physique, on établira, à la fin de la première année, une grande dispute sur la *science*. Elle se composera, en majeure partie, des prolégomènes de la physique, savoir : les divisions des sciences, les abstractions, les questions spéculatives, pratiques et leurs dépendances, les diverses manières de procéder en physique, en mathématiques (voir Aristote, *Physique*, liv. II), enfin tout ce qui est dit relativement à la *définition* (*De l'âme*, liv. II).

§ 6. Au commencement de la Logique on expliquera sommairement et l'on classera dans un ordre commode les lieux communs tirés des topiques et les sophismes d'après ce que dit Aristote dans les réfutations des sophistes.

10. § 1. Pendant la seconde année on expliquera huit livres de physique, les livres du ciel, le premier livre de la génération. Dans les huit livres de physique on donnera le texte abrégé du sixième et du septième livre, ainsi que celui du premier en ce qui concerne les opinions des anciens. Dans le huitième livre on ne dissertera ni sur le nombre des Intelligences, ni sur la liberté, ni sur l'infini du premier moteur ; on traitera ces questions en métaphysique, et seulement d'après Aristote.

§ 2. On ne parlera que très rapidement des deuxième, troisième et quatrième livres du ciel. On ne traitera dans ces livres que quelques questions sur les éléments ; on ne parlera, à propos du ciel, que de sa substance et des influences ; on laissera le reste au professeur de mathématiques ou on en donnera un abrégé.

§ 3. Le professeur ordinaire de philosophie, s'il le peut, ou le professeur extraordinaire, si l'on ne peut faire autrement, parcourra ce qui se rapporte à la météorologie pendant l'été et pendant la dernière heure de la classe du soir.

11. § 1. Pendant la troisième année, on expliquera le troi-

sième livre de la génération, les livres de l'âme et la métaphysique. Dans le premier livre de l'âme on parcourra sommairement les opinions des anciens philosophes. Dans le second livre, après avoir parlé des sièges de la sensibilité physique, on passera sous silence l'anatomie et ce qui est du ressort de la médecine.

§ 2. En métaphysique, on passera les questions sur Dieu et les Intelligences, qui reposent entièrement ou en grande partie sur les vérités révélées par la foi divine. On expliquera avec soin la préface et une grande partie du septième et du douzième livre; on choisira ce qu'il y a de plus important dans chacun des autres livres, et ce qui constitue la base des questions appartenant à la métaphysique.

12. En somme, on s'efforcera de bien interpréter le texte d'Aristote, et l'on n'y mettra pas moins de soin que dans les questions dont il a été parlé. On persuadera aux élèves que toute philosophie serait incomplète et manchote si elle ne reposait sur ces études.

13. Toutes les fois que l'on tombera sur un texte célèbre donnant lieu à des discussions, on le commentera avec soin. On comparera les interprétations les plus remarquables, pour que l'on puisse comprendre celle qu'il faut préférer d'après les antécédents et les conséquents, ou d'après la signification du grec, ou d'après l'observation d'autres passages, ou d'après l'autorité d'autres commentateurs, ou enfin d'après l'importance des raisons.

Quand on arrivera à certaines petites questions qui prêtent à l'équivoque, on ne s'y arrêtera pas trop, mais on ne passera pas sous silence celles qui ont de l'importance.

14. On doit aussi choisir les questions avec le plus grand soin. On rejettera dans le livre où elles ont leur place naturelle celles auxquelles ne donnent pas lieu les disputes artistotéliques, ou qui surgissent à l'occasion d'un axiome quelconque, ou au milieu d'une dispute. Si l'on n'y renonce pas, on les expliquera immédiatement après avoir interprété le texte où elles se sont présentées.

15. Quant aux questions propres au sujet que discute Aristote, on ne les traitera qu'après avoir expliqué tous les textes qui se

rapportent à ce sujet. Si ces textes ne sont pas nombreux, on pourra les exposer dans une ou deux leçons ; s'ils sont au contraire trop étendus, tels que ceux sur les principes, les causes, le mouvement, on ne pourra pas les traiter longuement ; on ne sacrifiera pas les questions à l'explication du texte entier d'Aristote, mais on fera, des questions et des textes, un ensemble tel qu'après une série de textes interviendront les questions qui en découlent.

16. Après le cours, une dizaine d'élèves sous la présidence d'un des leurs, choisis, s'il se peut, dans chaque décurie parmi ceux de notre Société, repasseront pendant une demi-heure ce qu'ils ont entendu.

17. Il y aura des disputes mensuelles, où, le matin, trois élèves au moins argumenteront. Il en sera de même à la classe du soir ; le premier argumentant parlera pendant une heure et les deux autres pendant trois quarts d'heure environ. C'est également le matin qu'un théologien (si les théologiens sont assez nombreux) argumentera d'abord contre un métaphysicien, et puis un métaphysicien contre un physicien, et un physicien contre un logicien : mais, à la classe du soir, un métaphysicien argumentera avec un métaphysicien, un physicien avec un physicien, un logicien avec un logicien. De même, le matin, un métaphysicien et, l'après-midi, un physicien soutiendront rapidement et dans la forme philosophique une ou deux conclusions.

18. Il n'y aura pas de disputes pendant tout le temps où le professeur résumera la logique. Bien plus, les logiciens n'auront pas de dispute pendant la première et quelquefois la deuxième semaine du cours. Ils se contenteront d'une explication approfondie des questions à partir de la seconde ou de la troisième semaine ; ils pourront, le samedi, soutenir quelques thèses dans leur classe.

19. Là où il n'y a qu'un professeur de philosophie, on établira pendant un jour de fête, ou un autre jour férié, et trois ou quatre fois par an, quelques disputes plus solennelles. On y mettra plus de pompe et plus d'apparat. On invitera des ecclésiastiques et d'autres docteurs à argumenter, afin qu'il en résulte pour nos études plus de zèle et plus de fruit.

20. Dès le commencement de la logique, on habituera les
jeunes gens à ne rien regarder de plus honteux que de
s'écarter dans les disputes de la forme usitée. Il n'est rien que
le professeur exigera avec plus de sévérité que l'observation des
règles de la dispute et du rôle que chacun doit y remplir. Celui
qui répond à son adversaire doit d'abord répéter toute l'argumentation de ce dernier, et sans répondre rien à chaque proposition. — Il reprendra ensuite chaque proposition, et ajoutera :
Nego ou *concedo majorem, minorem, consequentiam,* j'accorde ou je nie la majeure, la mineure, la conclusion. Quelquefois il établira des distinctions, mais rarement il dirigera
contre des personnes qui en seraient affligées des déclarations
ou des raisons blessantes.

RÈGLES DU PROFESSEUR DE PHILOSOPHIE
D'après le règlement de 1832.

1. Puisque la philosophie prépare les esprits à la théologie et
aux autres facultés, puisqu'elle contribue à nous en donner une
parfaite connaissance et à nous en servir, puisqu'elle aide à cultiver l'intelligence et à perfectionner la volonté, il est juste que le
maître qui, en toutes choses, doit chercher l'honneur et la gloire
de Dieu, mette tous ses soins à préparer ses élèves à la théologie,
tout en les initiant aux autres sciences; qu'il leur fournisse les
armes de la vérité pour combattre les erreurs des novateurs, et
qu'il les anime du désir de connaître leur Créateur.

2. Le cours entier de philosophie ne durera pas plus de deux ou
trois ans. Le professeur se conformera aux instructions du Provincial à qui incombe le devoir de veiller à tout ce qu'il est utile de
faire dans chaque collège.

3. Pendant la première année on s'occupera de logique et de
métaphysique. Pendant la seconde, de physique et de philosophie
morale. Pendant la troisième, des questions de physique et de métaphysique qui n'ont pas été traitées dans les deux premières années,
ou qui ont besoin d'une plus longue explication. On s'y occupera
aussi de mathématiques plus fortes.

4. On ne terminera jamais le cours avant que les vacances qui
ont lieu ordinairement à la fin de l'année scolaire ne soient arri-
vées, ou du moins qu'elles ne soient très prochaines.

5. Dans les sujets de quelque importance on ne s'écartera jamais
de la doctrine généralement approuvée par les académies. On

défendra de toutes ses forces la foi orthodoxe; on s'appliquera à réfuter énergiquement les systèmes et les arguments des philosophes qui la combattent. Enfin, on se souviendra que, dans le choix des opinions, c'est la théologie qui doit toujours nous éclairer.

6. On ne lira et l'on ne produira en classe les philosophes ennemis de la religion chrétienne qu'après en avoir fait un choix minutieux; on prendra garde que les élèves ne s'y attachent; s'il se trouve dans leurs œuvres quelque chose de bon, on en parlera sans en faire l'éloge, et si cela se peut, on montrera qu'on l'a tiré d'autre part.

7. On ne parlera au contraire que très honorablement de saint Thomas. On en suivra la doctrine de tout cœur; quand il le faudra, et quand elle conviendra moins, on l'abandonnera avec peine, tout en conservant pour saint Thomas le plus profond respect.

8. Quoiqu'on doive éviter tous les mots qui pourraient empêcher de comprendre facilement ce qu'on expose, il ne faut pas cependant que les théologiens ignorent le style et le langage scolastiques.

9. A l'époque fixée par le Recteur, quelques élèves (dix environ) repasseront pendant une demi-heure, tous les jours, sous la présidence d'un de leurs condisciples, choisi dans chaque décurie parmi ceux de notre Société, si cela se peut, la leçon qui leur a été faite.

10. Il y aura des disputes mensuelles, dans lesquelles un élève soutiendra une ou deux *conclusions* et les confirmera en peu de mots dans la forme philosophique. De plus, on invitera un professeur pour argumenter; des élèves d'une classe plus élevée disputeront d'abord avec des élèves d'une classe moins élevée, et puis les élèves de la même classe disputeront entre eux.

11. Pendant le temps où le professeur enseignera les premiers éléments de la logique, ni le professeur, ni ses élèves ne se réuniront pour disputer. Bien plus, les logiciens ne disputeront pas pendant la première ou la seconde semaine; ils se contenteront d'une explication approfondie des matières vues; à partir de ce temps, ils pourront, le samedi, soutenir quelques thèses dans leur classe.

12. Là où il n'y a qu'un professeur de philosophie, on établira pendant un jour de fête ou un autre jour férié, trois ou quatre fois par an, quelques disputes, pour ranimer l'ardeur des élèves, et faire progresser nos études.

13. Dès le commencement de la logique, on habituera les jeunes gens à ne rien regarder de plus honteux que de s'écarter, dans les disputes, de la forme usitée. Il n'est rien que le professeur exigera avec plus de sévérité que l'observation des règles de la dispute et du rôle que chacun doit y remplir. Celui qui répond à son adversaire doit d'abord répéter toute l'argumentation de ce dernier, et sans répondre rien à chaque proposition. Il reprendra ensuite chaque proposition et ajoutera *nego ou concedo majorem, minorem, consequentiam* (je nie ou j'accorde la majeure, la mineure, la con-

clusion); quelquefois, il établira des distinctions, mais il n'opposera pas des déclarations ou des raisons qui pourraient faire de la peine.

14. Afin de procéder d'une manière régulière dans cette forme de langage scolastique, si utile et si nécessaire pour trouver et bien établir la vérité et pour réfuter les erreurs, le maître aura soin que ses élèves ne présentent que des objections sérieuses et solides; qu'ils ne se servent que de mots clairs et précis; qu'ils ne se hasardent pas à changer le moyen terme d'un syllogisme en le développant. Si la solution donnée n'a pas été suffisante, qu'il veille à ce que les élèves ne descendent pas à des plaisanteries, des subtilités inutiles, mais plutôt qu'on expose clairement les objections et les solutions en dehors de la forme scolastique, afin que la vérité soit bien évidente et bien établie.

Règlement envoyé en 1858 par le R. P. Pierre Beckx, Général de l'ordre, aux Provinces de la Société de Jésus, pour les trois années d'études philosophiques, conformément à la décision de la XXII° Congrégation générale.

La dernière Congrégation générale, prenant en grande considération les observations et les réclamations adressées par les Provinces de la Société, a examiné avec sollicitude ce qu'il était utile de faire pour que dans nos collèges les études remplissent le mieux possible le but que nous nous proposons. On a pensé, entre autres choses, que le premier résultat à obtenir, était de donner aux élèves externes et aux Nôtres, surtout aux Scolastiques, une forte et solide instruction philosophique et de les y exercer avec ardeur et sans relâche.

Pour atteindre ce but, vu l'importance de si vastes études et des difficultés qu'elles présentent, on a décidé que les Nôtres suivraient pendant trois ans un cours de philosophie. La Congrégation tout en approuvant fortement que la philosophie soit enseignée d'après la méthode et les sages lois établies autrefois par nos Pères, mais comprenant que cette science doit actuellement être traitée plus largement que par le passé, qu'il faut y ajouter certaines choses, en abréger et en resserrer d'autres, m'a confié le soin de tracer le programme de ces trois années d'études, de telle façon, que le partage des matières ne s'écarte pas beaucoup de ce qui se faisait précédemment, mais pour soustraire, par une doctrine sûre et uniforme, nos classes au danger grave auquel l'exposent, plus que jamais, de nos jours, la mobilité des esprits et la licence des idées, la Congrégation a décrété que si chacune des *positions* philosophiques ne pouvait être déterminée, les principaux points de cette science le soient au moins d'une manière sûre. Cette mission demandait avec raison d'être éclairée par de sages conseils et pour m'en acquitter honorablement, j'ai fait appel, dans nos Provinces et dans les différentes nations, à plusieurs Pères renommés par leur érudition et leur expérience, pour me donner leur avis, soit tous réunis, soit chacun séparément.

Ils l'ont fait avec le plus grand zèle, et toutes les questions ayant ainsi été discutées de nouveau, et soigneusement examinées avec les PP. Assistants et d'autres personnes instruites, il a paru que l'on pouvait enfin arrêter d'une manière définitive les articles suivants :

I. Dans les collèges où les Nôtres étudient, et partout où notre Société est libre de régler ses études, on consacrera la première année à étudier la logique et la métaphysique; il y aura, tous les jours, deux leçons, une le matin et l'autre l'après-midi; on ajoutera une troisième leçon consacrée aux mathématiques élémentaires.

Pendant la deuxième année, il y aura, tous les jours, une leçon de métaphysique spéciale et deux autres de physique.

Pendant la troisième année, on étudiera dans une des leçons quotidiennes ce qui reste à voir de métaphysique spéciale, et dans l'autre leçon on étudiera la philosophie morale.

II. Là où l'on voudra parcourir en deux ans le programme de ces études triennales, on prendra les dispositions nécessaires pour que les externes puissent suivre avec leurs condisciples les parties de métaphysique et de philosophie morale qui constituent les cours de troisième année, à moins que ces externes désireux d'achever leur philosophie en deux ans ne soient trop nombreux. Dans ce cas, on nommera un professeur particulier qui expliquera en une année toute la métaphysique spéciale. Le Provincial s'entendra avec moi pour régler les études dans ce sens.

III. Là où les Nôtres ne sont pas élèves, le cours de philosophie doit être achevé en deux ans. Pendant la première année, il y aura, tous les jours, deux leçons consacrées à la logique et à la métaphysique générale avec une partie de métaphysique spéciale.

Pendant la seconde année, on verra ce qui reste à étudier de métaphysique spéciale, et il y aura un cours de philosophie morale. On ajoutera, en première année, une troisième leçon de mathématiques élémentaires, et en seconde année, une leçon de physique.

IV. S'il paraît nécessaire, dans certains pays, d'ajouter quelque chose à ce programme, ou de le disposer autrement pour les externes, le Provincial nous soumettra ses propositions, mais, dans ces pays, on veillera surtout à ce que les Nôtres soient séparés des externes comme il a été dit déjà.

V. Quoique la Congrégation entende que le cours triennal de philosophie comprenne pour tous les élèves l'étude commune de la physique et des mathématiques élémentaires, rien n'empêche cependant que dans les grands collèges, on ne crée, pour ceux qui veulent approfondir ces sciences, des cours spéciaux de mathématiques supérieures, d'astronomie, d'histoire naturelle et de certaines parties de physique dont le professeur ordinaire ne parle pas, ou dont il ne donne que des notions élémentaires. Ceux des Nôtres qui suivront ces leçons devront avoir achevé le cours commun de philosophie, et ils n'y seront admis qu'avec l'assentiment du Provincial qui jugera s'ils sont aptes à poursuivre ces études.

Si l'on reconnaît qu'ils ont les dispositions voulues, on leur donnera des leçons particulières, même dans les collèges où ces cours extraordinaires n'ont pas lieu.

En réformant les études philosophiques, et tout en respectant les statuts de l'ancien *ratio*, la Congrégation, pour maintenir et propager un bon et saint enseignement, a voulu cependant que l'on cultivât, autant qu'il convient, les mathématiques et les sciences naturelles qui, de nos jours, ont une si grande importance, mais à condition que ce ne soit pas au détriment des autres connaissances, ce qui pourrait arriver, en exigeant de tous ce que peu d'esprits d'élite peuvent et doivent donner.

VI. Comme bien souvent on ne sait quel développement on doit donner à la métaphysique et aux mathématiques qui sont obligatoires pour tous les élèves de philosophie; dans quelles limites doivent se renfermer les professeurs et les examinateurs; nous donnerons quelques règles à cet égard. Le professeur de physique, après avoir exposé les propriétés générales des corps, devra traiter des solides, des liquides et des gaz; il donnera les règles principales de statique, de dynamique, d'hydrostatique, d'hydrodynamique, d'aérostatique, et de pneumatique; il traitera ensuite des impondérables, de la chaleur, de l'électricité statique et dynamique, de la lumière; enfin, autant que le temps le permettra, il donnera quelques éléments de chimie, d'astronomie et de météorologie.

Les mathématiques élémentaires étudiées pendant la première année comprendront également l'algèbre jusqu'aux équations du second degré, la géométrie, la trigonométrie plane et autant que possible les nombres cubiques.

VII. Pour que les élèves soient aidés dans leurs travaux, en suivant une méthode uniforme d'enseignement, et pour que les maîtres acquièrent de leur côté des connaissances plus solides et plus fécondes, la même personne enseignera, en première année, la logique et la métaphysique générale, en seconde et en troisième année, la métaphysique spéciale, et, s'il se peut, la philosophie morale.

VIII. Nous espérons atteindre le but où nous voulons arriver, par ces dispositions et en observant religieusement et avec zèle la *manière d'apprendre et d'enseigner*, transmise par nos prédécesseurs, et sanctionnée par l'expérience [1].

Le propre de cette méthode est l'emploi de la forme syllogistique, utile non seulement aux élèves quand ils disputent, mais encore aux maîtres quand ils enseignent. Nous savons que des

---

1. *Le R. P. Beckx rappelle ici le traité du R. P. Jouvency dont nous avons donné la traduction.*

Pères, dans certaines Congrégations, ont signalé avec raison, dans quelques pays, l'abus de cette forme, et pour y remédier on a substitué la forme académique à la méthode scolastique.

Il en est résulté que les élèves comprennent plus difficilement ce qu'on leur enseigne, et qu'ils oublient plus vite ce qu'ils comprennent. Ajoutons que dans les disputes et les examens ils sont incapables de réfuter et de résoudre les arguments de ceux qui se servent et doivent se servir de la forme scolastique.

Pour remédier d'une manière efficace à de si graves inconvénients, les Supérieurs veilleront à ce qu'on apprenne avec soin les règles de la dialectique, avec d'autant plus de raison que la Congrégation a entendu que l'on accordât à l'enseignement de la logique plus de temps que par le passé, afin que les élèves puissent non seulement en comprendre mieux les règles, mais les observer et s'y exercer encore davantage. De cet exercice dépendent, en grande partie, une bonne culture intellectuelle, et les dispositions nécessaires pour quiconque veut étudier la philosophie.

IX. Enfin, je regarde comme un devoir d'exhorter, dans le Seigneur, tous les Supérieurs et tous les maîtres à se rappeler sérieusement les règles que saint Ignace dans les Constitutions ainsi que les Congrégations et les Généraux de notre Société ont établies relativement à l'usage de la langue latine. On doit profondément regretter qu'après la décision de la XXI° Congrégation ordonnant que le latin fût absolument conservé en logique, métaphysique, théologie, et manifestant le désir que l'on revînt à son emploi en physique et en mathématiques; on doit regretter, dis-je, que dans les collèges où l'emploi du latin s'était conservé jusqu'ici, on ait commencé à enseigner en français, non seulement la physique et les mathématiques, mais encore la logique et la métaphysique. C'est pourquoi je ne puis me dispenser de recommander de toutes mes forces aux Supérieurs et à tous ceux que cela regarde', la prompte et rigoureuse exécution du décret de la dernière Congrégation générale confirmant, sans restriction, les décisions antérieures relatives à l'usage du latin dans notre Société, et ordonnant particulièrement que la langue latine et la forme syllogistique soient conservées, non seulement dans les classes supérieures, mais encore qu'on en fasse revivre l'usage là où elles sont tombées en désuétude.

X. *Enseignement du professeur de Philosophie pendant les trois années du cours.*

Comme prolégomènes de la philosophie, et en se mettant à la portée des commençants, on traitera, en quelques leçons, de son rôle, des parties qu'elle contient, de son utilité et de sa bonne ou mauvaise fortune.

NOTA. — Ici viennent les différentes parties de la philosophie. Nous suivons l'ordre de l'ancien *ratio*, et nous donnerons séparément chacune de ces parties dans l'ancien et le nouveau *ratio*.

RÈGLES DU PROFESSEUR DE PHILOSOPHIE MORALE

D'après l'ancien ratio (1616).

1. Il devra comprendre que l'objet de son enseignement n'est pas de faire des digressions dans le domaine de la théologie, mais d'expliquer rapidement, sérieusement et savamment les principaux chapitres de morale renfermés dans les dix livres de l'*Éthique* d'Aristote.

2. Là où la morale n'est pas enseignée par le professeur même de philosophie, le professeur de morale exposera aux métaphysiciens les questions les plus difficiles de cette science, et il y consacrera, tous les jours, trois quarts d'heure ou une demi-heure.

3. On répétera la morale au moins tous les quinze jours, à l'époque fixée par le Recteur, alors même qu'il faudrait supprimer pour cela une répétition de métaphysique.

4. Comme les élèves de métaphysique ont, soit à l'intérieur ou en classe, des disputes mensuelles, ils joindront toujours à leurs conclusions une proposition de morale que l'argumentant métaphysicien discutera pendant un quart d'heure.

RÈGLES DU PROFESSEUR DE PHILOSOPHIE MORALE

D'après le nouveau ratio (1832).

N° 25 [1] *du règlement de 1832.* Le propre de ce cours étant d'expliquer savamment et sérieusement la morale d'après les preuves fournies par la raison, on ne fera pas de digressions dans le domaine pur de la théologie, à moins qu'en dehors du sujet, il ne faille prouver en peu de mots, et dans des circonstances opportunes, quelque chose d'après la révélation.

[1]. *Les numéros de ces articles font suite au cours de philosophie d'après le nouveau ratio.*

26. Les questions de métaphysique que nous avons indiquées plus haut ayant été traitées, le professeur de philosophie morale parlera de la fin particulière ou du bonheur de l'homme; de la moralité des actions humaines et de ce qui est nécessaire pour comprendre les préceptes de morale; de la loi naturelle et de ses propriétés; des devoirs généraux et particuliers de l'homme envers Dieu, envers le prochain, envers lui-même.

27. Vers la fin du cours, il expliquera les principes du droit public. On pourra cependant, si on le trouve plus à propos, traiter, après les notions préliminaires, ces matières, de peur qu'en différant d'en parler, elles ne soient quelquefois passées sous silence.

28. Les répétitions de morale auront lieu au moins tous les quinze jours, ainsi que le Recteur l'aura fixé. On ajoutera toujours dans les disputes mensuelles quelques conclusions tirées de la philosophie morale.

29. Le cours sera achevé dans l'espace d'une année, à moins que l'usage de l'académie n'exige qu'il en soit autrement.

Philosophie morale
D'après le règlement de 1858.

1. De l'objet et des parties de la philosophie morale.

2. De la fin, du bien et du mal en général. De la fin dernière et du bonheur de l'homme; du but de cette vie.

3. De la nature de la liberté et de la moralité des actes humains. Des passions et des habitudes. Traiter ces questions avec soin et solidement.

4. De la loi morale en général, et de la loi naturelle en particulier; de son concept et de son existence; établir, surtout à ce propos, la différence essentielle du bien et du mal; chercher le principe de la connaissance dans la nature raisonnable complètement étudiée, et le principe de l'obligation dans la volonté de Dieu sans laquelle il n'y a pas d'obligation parfaite. Du fondement de ces deux principes qui est Dieu même. Défendre ces principes contre les partisans de Kant et plusieurs autres philosophes. Ajouter les questions suivantes : y a-t-il, comme prétendent quelques scolastiques, certaine obligation émanant de la seule nature raisonnable? Cette obligation, comme l'affirment des philosophes modernes, est-elle le principe déterminant la volonté divine à nous obliger? Réfutation de ceux qui prétendent que la loi naturelle ne tire sa force que de l'utile et du sentiment.

5. De la conscience, des vertus et des vices.

6. Des devoirs envers Dieu et principalement du culte intérieur et extérieur; introduire ici quelques questions touchant la philosophie de la religion.

7. Des devoirs envers soi-même, et l'on parlera à ce propos de l'immoralité du duel, du suicide et du droit de repousser une injuste agression.

8. Des devoirs envers le prochain; des devoirs de charité et surtout des devoirs de justice. De la nature du droit et de ses parties. Des droits simultanés de la liberté extérieure et de la liberté de conscience. Du droit touchant l'honneur et la réputation. Des droits acquis surtout relativement à la propriété et aux contrats. Réfutation des systèmes socialistes et communistes.

9. De la vie sociale en général; réfutation du Contrat social de J.-J. Rousseau. De la famille, du mariage; de la puissance paternelle; jusqu'à quel point s'applique-t-elle? De la puissance des maîtres et de la servitude. Du droit concernant les héritages.

10. De la société civile, de sa nature et de sa fin. Du souverain pouvoir qui existe d'après la loi naturelle considérée en elle-même, et non d'après des conventions humaines. Des différentes formes de gouvernement, démocratique, aristocratique, monarchique et gouvernement mixte. Toutes ces formes sont en elles-mêmes conformes à la loi naturelle quoique, dans certaines circonstances, telle ou telle forme soit préférable. Du pouvoir suprême; en déterminer de différentes manières l'application légitime, faire preuve à ce propos d'une grande circonspection, et montrer, entre autres choses, combien les théologiens différaient autrefois d'opinion touchant le pouvoir suprême dans la société primitive, comparé au système que l'on préconise aujourd'hui, et qu'on appelle suprématie du peuple.

Dire comment on doit changer la constitution d'un état dès que, d'après les principes posés plus haut, on est amené à regarder comme agissant injustement : 1° ceux qui malgré l'opposition d'une partie des citoyens tentent d'introduire une nouvelle forme de gouvernement; 2° ceux qui au nom de l'intérêt public et s'autorisant de ce prétexte, s'arrogent le droit de changer le représentant du souverain pouvoir. Ajouter quelques choses sur la loi civile au pouvoir de faire des lois. Court exposé du pouvoir exécutif et administratif. Du pouvoir de punir; on soutiendra ici la légitimité du pouvoir exécutif.

11. Du droit des gens, des traités entre nations. Du droit de la paix et de la guerre.

12. Ajouter ici une question où l'on montrera, en admettant préalablement l'institution divine de l'Église, ce que l'on doit penser de ses rapports avec le pouvoir civil d'après les principes du droit naturel. On affirmera l'entière indépendance de l'Église à l'égard du pouvoir civil en ce qui concerne ses intérêts, comme société parfaite. On soutiendra l'obligation de ce pouvoir civil d'obéir à l'Église non seulement en ce qui concerne le culte divin, mais encore, autant que possible, l'obligation d'accommoder l'administration civile aux besoins et à l'avantage de l'Église.

On ne traitera pas du pouvoir de l'Église sur les royaumes temporels, sur les princes, les magistrats; mais, d'après les principes ci-dessus énoncés, on s'occupera avec prudence et modération de quelques droits et de quelques faits particuliers, tels que la liberté du culte qui, toute tolérée qu'elle soit dans certaines limites, pour se conformer au temps et aux lieux, n'en est pas moins en elle-même impie et injuste. Du droit de l'Église de posséder et d'administrer des biens temporels. Des lois civiles applicables aux crimes commis contre la religion. Du *placet* royal.

XI. Nos professeurs traiteront donc ces matières de façon à n'en omettre aucune, et ils les traiteront avec soin et solidement. Ils insisteront cependant plus longtemps sur celles qui, en raison du temps et des lieux, sont reconnues comme contribuant plus que les autres au but que nous nous proposons.

Si, dans l'explication d'un auteur autorisé par nous, certains chapitres ne traitent pas complètement quelques questions utiles à étudier, le professeur les ajoutera, en les dictant.

Quoiqu'il ne soit pas obligé d'expliquer chaque question dans l'ordre indiqué plus haut, il aura cependant soin de ne pas les traiter confusément, et il ne se croira pas permis de remettre à une autre année ce qui a été désigné pour telle ou telle année.

XII. Pour parer aux graves inconvénients qu'engendre la liberté des opinions, nos PP. réunis en assemblée ont manifesté le désir qu'en dehors des chapitres des matières à enseigner, on dressât une liste des opinions qui doivent être exclues dans nos collèges. Pour répondre à ce désir dans la mesure de nos forces, nous avons mandé aux Provinciaux de faire dresser dans leurs Provinces respectives cette liste, et de nous la faire parvenir. C'est cette liste énumérant les opinions interdites à différentes époques par nos prédécesseurs et par les Provinciaux que nous soumettons ici aux Supérieurs qu'elle intéresse, et nous leur recommandons instamment de ne pas tolérer qu'aucun des Nôtres soutienne ces opinions.

Propositions philosophiques interdites dans nos classes.

Nota. — Toutes ces propositions au nombre de 81 ne regardent que la théologie et la métaphysique catholique dont on n'a pas à s'occuper dans l'enseignement secondaire, quelque complet qu'il soit; nous croyons donc utile de les supprimer, laissant aux séminaires le soin d'élucider ces questions très difficiles et très scabreuses.

XIII. Nous interdisons donc l'enseignement de toutes ces propositions pour ne pas donner lieu à des discussions parmi les membres de notre Société et dans nos classes, et pour qu'on ne les traite pas dans les livres que nous publierons. C'est pourquoi nous voulons que cette liste soit communiquée à tous nos professeurs, aux Préfets des Facultés supérieures, et à ceux des Nôtres qui revisent les ouvrages; et nous les exhortons tous, dans le Seigneur, de se montrer, en si grave matière, les dignes fils de notre Société par une obéissance prompte et persévérante. A Dieu ne plaise que chacun pense avoir rempli son devoir, si, pour répondre à l'intention de ce règlement, il se contente de montrer quelque soin à ne pas énoncer, dans les mêmes termes que nous, les questions que nous proscrivons, ou s'il évite seulement de traiter ces questions, mais non les questions accessoires qui ne font qu'un avec elles. Afin qu'on ne puisse douter de nos intentions, nous déclarons expressément, dans le but d'assurer l'uniformité et la sécurité de l'enseignement philosophique, qu'il nous a paru, devant Dieu, nécessaire que dans les questions philosophiques étroitement unies aux questions théologiques, nos professeurs et nos auteurs ainsi que l'ordonne notre Institut, suivent les traces du docteur angélique, saint Thomas, modèle et guide de ceux qui, de tout temps, et principalement dans notre Société, se sont distingués dans cette sorte d'étude.

Ceux qui se montreront fidèles à nos recommandations comprendront sans difficulté dans quel but nous avons donné des règles pour chaque matière, et ils éviteront les écueils que nous n'avons pas signalés en détail.

XIV. Nous ne pouvions prétendre attaquer une à une toutes les erreurs qui présentent quelque danger. Nous nous sommes bornés à signaler dans leur ensemble les opinions que l'on doit exclure avec le plus de soin à notre époque.

Parmi elles, il en est quelques-unes que les membres de notre Société n'ont jamais enseignées, nous en sommes certains, néanmoins, nous les avons comprises dans notre liste, afin que maîtres et élèves s'abstiennent d'en parler.

On ne peut demander aux maîtres de réfuter toutes les questions que nous avons indiquées; il en est que l'on peut passer sous silence, d'autres dont on évitera de parler en philosophie, d'autres enfin que l'on réfutera en théologie.

XV. Nous renouvelons du reste la déclaration de nos prédécesseurs, c'est-à-dire que nous n'avons nullement l'intention de censurer les questions dont nous donnons la liste. — Cela regarde une autorité supérieure à la nôtre. — Nous voulons seulement, pour le plus grand bien des élèves, que ces questions ne soient pas enseignées dans les classes de notre Société. Pour obtenir ce plus grand bien, les Constitutions et les Congrégations générales nous ont ordonné, à plusieurs reprises, de suivre dans toutes les parties de l'enseignement non seulement une méthode sûre, mais encore la plus sûre, non seulement une méthode approuvée, mais encore la plus approuvée. La probabilité dans une question ne suffit pas pour la soutenir dans les disputes, ou pour l'enseigner en classe. « C'est pourquoi, ainsi que l'a dit le R. P. François Piccolomini, on doit s'abstenir de rien patronner. En effet, dans certains auteurs, ou dans certains ouvrages publiés par les Nôtres, même avec approbation, on peut trouver quelques propositions ne reposant que sur la probabilité. On doit donc désirer que les reviseurs soient plus attentifs et plus sévères. » D'où il résulte qu'on doit prendre plus de précaution en enseignant qu'en composant des ouvrages.

Il importe beaucoup qu'en tout enseignement le règlement soit solidement étudié et donne une complète sécurité. Car toute culture de l'esprit et toute érudition s'appuient sur ce règlement comme sur une base, et ce n'est qu'avec la plus grande peine qu'on parvient à le corriger, s'il pèche en quelque chose.

Pour obvier à ces inconvénients, notre Institut nous recommande souvent et fortement de veiller à ce que notre enseignement soit non seulement sûr, mais encore uniforme.

Ces qualités qui, de tout temps, et pour plusieurs raisons ont été recherchées, sont absolument nécessaires de nos jours.

Après les violentes révolutions qui ont tout bouleversé, la plus grande partie du programme des études a été sujette à de telles fluctuations et à de telles incertitudes, que notre Société ne peut rétablir l'éducation de la jeunesse sur de solides bases, qu'à la condition de voir ses enfants étroitement unis. Or cet accord ne peut se faire en laissant au jugement de chaque maître la liberté de décider, parmi les nombreuses opinions qui doivent régler le programme des classes, quelles sont celles que l'on doit adopter.

XVI. Ce qu'on ne saurait passer sous silence et ce qu'on ne peut mettre en doute, c'est que nos professeurs ont le devoir de maintenir la doctrine sanctionnée par les chefs de notre Société, d'autant plus religieusement qu'ils professent non en leur propre nom, mais au nom et sous la garantie de la Société.

Si notre Société, usant de son droit, demande à tous ceux à qui elle a confié la charge d'enseigner, de ne l'exercer que suivant les règles prescrites par elle, combien plus elle doit exiger d'eux de ne pas inculquer à leurs élèves leurs opinions personnelles, mais bien la doctrine qu'elle approuve. Tel est, en ce point, le désaccord qui règne de nos jours, qu'il est à peine permis d'espérer que tous consentent à admettre une même doctrine philosophique, quelle qu'elle soit.

Cependant, j'aime à espérer qu'il suffira aux fils de notre Société de connaître la volonté des chefs pour qu'ils leur obéissent. Ils sont assurés en effet qu'en dehors de toute autre considération, Dieu éclaire et guide ceux à qui il a confié dans notre Société le soin de veiller à tout ce qui est bon, et ils savent que s'ils n'obéissent pas à la volonté des chefs, ils ne recueilleront jamais dans leurs travaux et leurs études les fruits qu'ils doivent désirer pour eux et pour le prochain.

XVII. Pour mettre en pratique fidèlement et avec persévérance tout ce que nous venons d'exposer, nous avertissons, à l'exemple de notre prédécesseur François Piccolomini, principalement les Recteurs des collèges où sont établies les facultés supérieures, de mettre au nombre des principaux devoirs de leur charge l'exécution de notre règlement, de s'enquérir souvent et avec soin s'il est suivi dans les classes, et de le rappeler, chaque année, à la rentrée des classes, à ceux que cela regarde.

Les Provinciaux, quand ils visiteront les collèges où est enseignée la philosophie, consulteront le Préfet des études; ils examineront attentivement de quelle manière on observe ce règlement, et ils rendront compte de cette partie de leur office au Général qui recevra également, tous les ans, des Conseillers et du Préfet des études, un rapport sur la manière dont est observé le présent règlement.

Ce n'est en effet qu'à la condition que nous réunissions tous nos efforts et que chacun de nous, suivant ses moyens, nous prête son concours, que nous pouvons espérer de voir exécutées, avec l'aide de Dieu, les mesures que nous avons prises pour son triomphe et pour sa gloire.

RÈGLES DE LOGIQUE

Nota. — L'ancien *ratio* ne donne pas de règles pour la logique, la métaphysique générale et la métaphysique spéciale. Les nouveaux *ratio* donnent celles que nous reproduisons ici.

Règles d'après le ratio de 1832.

15. (*Ce numéro est celui du nouveau ratio.*)
Avant d'aborder la logique, on donnera, comme introduction à la philosophie, l'historique de cette science, on en fera valoir l'utilité, sans entrer dans de longs détails.

16. En traitant des idées, on montrera clairement les différences qui les distinguent et les lois qui les régissent. On indiquera leurs caractères, et on insistera principalement sur l'étymologie des mots, leur usage et leur abus.

17. On donnera une notion du jugement, de la diversité des propositions et de la force de chacune d'elles. On expliquera les règles de la définition et de la division.

18. On commentera convenablement les règles du raisonnement, les différentes espèces d'argumentation, et surtout les espèces de syllogismes. On exercera avec soin les élèves à bien argumenter.

19. On leur donnera sur la vérité, l'erreur, des instructions et des règles à l'aide desquelles ils pourront discerner clairement le vrai du faux, et on leur exposera solidement, et en détail, à cet effet, les indices ou le critérium de la vérité, ainsi que les sources et les caractères de toutes ces choses.

20. On leur apprendra à reconnaître ce qui distingue la science et la foi, l'opinion, l'ignorance et l'erreur, les espèces et les lois de la démonstration; les règles générales de la critique et de l'herméneutique (interprétation), tout ce qui est enfin de nature à nous faire connaître, soutenir et défendre la vérité.

RÈGLES DE LOGIQUE

D'après le règlement de 1858.

1. On commencera par traiter, rapidement et en se mettant à la portée des élèves, de la nature de la logique, de son objet, de

son but, et des parties qu'elle renferme. Arrivé à la seconde partie de la logique qui dès lors est une science, on discutera, soit au commencement, soit à la fin de cette partie, les mêmes questions avec plus de développement.

2. On traitera ensuite, autant qu'on peut le faire, de l'idée, de ses divisions, savoir : le genre, l'espèce, la différence, le propre, l'accident et ce qu'on appelle catégories; de la notion et de la division du signe; des termes, de leurs modalités et de leurs divisions, surtout des homonymes, des mots à double sens et des synonymes; des mots simples et composés; on étudiera avec beaucoup de soin la définition et la division.

3. On traitera ensuite de la notion et des divisions du jugement et de la proposition; du vrai et du faux des propositions, et de leurs autres propriétés; de l'opposition, de l'équivalence et de la conversion des mêmes propositions.

4. De la nature et des principes du raisonnement; des différentes sortes d'argumentation et principalement du syllogisme, de sa construction et de ses règles; on expliquera chacune d'elles très clairement.

De la recherche du moyen terme; des sophismes, des différentes espèces de syllogismes; de l'induction et des autres formes d'argumentation.

5. De la démonstration, sa nature et ses principes; des moyens employés. Des genres de démonstrations, analytique, synthétique, rapports de l'une à l'autre. On expliquera encore la méthode et les règles de la dispute philosophique.

6. Du vrai en général et de la vérité logique en particulier; le vrai vient-il des sens ou de l'intelligence? Est-ce le simple fonctionnement de l'intelligence ou bien le jugement seul qui nous le donne?

7. De l'ignorance, du doute, de l'opinion, de la probabilité et de ses différents degrés; de la certitude, de l'évidence et des parties qu'elles renferment; l'une l'emporte-t-elle sur l'autre? De l'erreur et de ses sources.

8. De la nature et des parties [1] dont se compose le sens intime ou conscience; montrer ce qu'il peut donner et ce qu'il ne peut pas donner de certitude. Défendre l'existence des corps contre les idéalistes, et la vérité fournie par les sens externes contre les sceptiques.

9. De l'intelligence et du raisonnement. Après avoir expliqué les universaux et surtout l'*espèce*, insister sur l'existence des concepts universaux. Démontrer que la réalité objective, comme on le dit aujourd'hui, répond à ces concepts. Réfuter ceux qui prétendent être des critiques transcendants. Enfin (pour réfuter principalement quelques panthéistes modernes), prouver que l'unité du concept universel se trouve dans la nature des choses, non en acte, mais seulement et fondamentalement en puissance ou implicite d'agir.

---

1. Le mot latin *partitio* dont on se sert souvent en logique signifie division des parties dont se compose un tout.

Des jugements immédiats; comment tous les jugements viennent de la comparaison des idées. — Du raisonnement. De la prescience et des notions anticipées. Montrer de quelle manière de nouvelles connaissances sont acquises par le raisonnement; pourquoi une conclusion légitime ne peut renfermer cachée en elle une erreur, et comment les prémisses sont forcément en parfait accord avec la conclusion.

10. Traiter de la nature de l'autorité et de la foi qui s'appuie sur l'autorité; démontrer la certitude de la foi, ce qu'elle est, et son importance. — Parler ici des principes de l'art de la critique et de l'herméneutique, de ce qui se rapporte aux instruments, aux témoins; et après avoir exposé les règles à l'aide desquelles on s'assure s'ils nous donnent la vérité, ajouter quelques considérations sur l'abus de la critique et surtout de celle qu'on appelle critique intérieure.

11. Montrer l'absurdité d'un scepticisme universel. Chercher jusqu'à quel point on doit approuver le doute qu'on appelle méthodique. Quand doit-on le rejeter? Expliquer que l'on ne parvient pas à la véritable connaissance des choses, par la seule constatation de leur existence, et par la seule intelligence, mais bien par l'intelligence et l'expérience réunies.

12. Expliquer la nature et la puissance du sens commun, qui est distinct de ce que nous appelons consentement universel; montrer que ni l'un ni l'autre ne peuvent être regardés comme la règle universelle du vrai ou le principe de la certitude, et expliquer alors comment l'intelligence naturelle de chacun peut et doit être admise comme principe de certitude, abstraction faite de tous les autres moyens et des autres motifs de certitude.

13. Après avoir donné la définition de la science où l'on distingue ce qui est de l'intelligence d'une part, de l'opinion et de la foi de l'autre, traiter du rapport entre la foi et la science, et démontrer que de même qu'il faut qu'un peu de science précède toute foi divine ou humaine, de même la foi donne naissance à une certaine science. Montrer encore qu'il est raisonnable de croire certaines choses qui échappent à l'intelligence dont elles dépassent les limites. Traiter de l'unité de la science, des distinctions qu'il faut y reconnaître, expliquer comment les différents genres de connaissances ont cependant des liens communs qui les unissent.

RÈGLES DE MÉTAPHYSIQUE

D'après le nouveau ratio de 1832.

21. Dans la première partie qu'on appelle Ontologie on expliquera les principes de la démonstration, les propriétés et les espèces des êtres, surtout les universaux, les attributs, les modes, les relations, etc.; la substance, l'accident, la force, les principes et les causes; l'espace, le lieu, la durée, le temps, le mouvement, etc.

22. Dans la Cosmologie on traitera de l'origine du monde; des corps et de leurs éléments; de la perfection du monde; de la nature et de ses lois; des effets surnaturels et du critérium du vrai miracle. On dira comment, d'une manière générale, on reconnaît le vrai miracle, sans toucher cependant à ce qui se rapporte à la révélation ou à la physique.

23. En Psychologie, on expliquera ce qui se rapporte à l'essence de l'âme humaine et à ses facultés; on traitera en conséquence des sensations, de l'imagination, de la mémoire; de la nature de l'intelligence et de la raison; de la sympathie et de l'aversion, de la spontanéité; de ce qui est volontaire et libre; de la liberté de l'âme humaine. On montrera la différence essentielle de l'âme et du corps; la simplicité, la spiritualité et l'immortalité de l'âme. On parcourra les questions relatives au siège de l'âme, de son commerce avec le corps; de la nature et de l'origine des idées; de l'âme des brutes : on exposera à ce sujet les systèmes des philosophes célèbres.

24. En Théologie naturelle, on s'occupera particulièrement de ceux qui ne font pas de théologie scolastique, afin de leur donner une solide instruction sur Dieu, son existence et ses attributs; sur la nécessité de la révélation, la vérité et la crédibilité de la religion chrétienne, à moins qu'on ne préfère reporter à la philosophie morale tout ce qui concerne la religion.

RÈGLES DE MÉTAPHYSIQUE GÉNÉRALE
D'après le règlement de 1858.

1. De l'objet de la Métaphysique, de son rôle qui est d'expliquer les causes les plus approfondies des choses. — Des premiers principes, comment on les connaît — peuvent-ils être démontrés?

2. Du concept le plus général de l'essence — montrer que les êtres sont semblables quant à leur essence. De l'unité, de l'identité et de la distinction — traiter de la distinction entre les parties constitutives essentielles d'une chose et ses attributs. — Du vrai et du faux. — De la bonté et de la malice. — De l'ordre. — Du semblable et du dissemblable. — Expliquer les notions générales touchant le beau, le sublime qui appartiennent à la métaphysique des arts (esthétique).

3. Du concept du fini et de l'infini; chercher à ce propos si une multitude infinie est possible.

4. Du possible et de l'impossible. — Montrer à ce propos que la possibilité en soi de toutes choses ne dépend pas de la puissance et de la volonté de Dieu, mais qu'elle est fondée sur la nature même de Dieu.

5. De l'essence et de l'existence; du concept de la substance; de la substance simple et composée; de la nature et de la subsistance, de l'accident et de la relation.

6. **Du principe et de la cause.** — S'occuper ici du principe de causalité et de la raison suffisante. — Des différentes espèces de causes; à ce sujet, traiter non seulement de la cause efficiente et finale, mais encore de la cause formelle et matérielle. — De la cause universelle et particulière, et de la cause nécessaire et libre.

RÈGLES DE MÉTAPHYSIQUE SPÉCIALE

D'après le règlement de 1858.

1. De la nature, des principes intrinsèques et des éléments des corps; exposer ici non seulement les systèmes des atomes et des éléments simples, mais encore la doctrine des docteurs scolastiques sur la matière, la forme et la privation. Sans cette étude, les disputes, soit philosophiques, soit théologiques, les plus importantes des anciens ne pourront être comprises.

2. De la quantité, de l'extension, de la continuité, de la qualité, de la pénétration, et de la réduplication des corps.

3. Du mouvement, de la durée et du temps; de l'espace et du lieu.

4. De la causalité physique et de l'action des corps; défendre ici les véritables causes efficientes des créatures non seulement spirituelles mais encore matérielles.

5. Des lois de la nature, de leur permanence et de leur contingence, et montrer que les miracles sont possibles et qu'on les reconnaît par des effets naturels.

6. De la naissance et de la destruction des choses naturelles, de leur changement et de leur évolution; parler ici, autant qu'on le jugera utile, des différents systèmes de cosmogonie et de géogonie, et réfuter les systèmes impies et absurdes.

7. De la vie au point de vue universel. De la vie organique, de la vie sensitive, et de l'âme des bêtes.

8. Montrer que l'âme de l'homme par sa nature d'être intelligent est non seulement simple, c'est-à-dire non composée de parties en dehors d'elle, mais qu'elle est encore spirituelle, ce qui signifie substance tellement indépendante de la matière que sans elle, elle peut exister et agir, et c'est par cette immatérialité qu'elle diffère essentiellement de l'âme des bêtes; prouver ensuite que l'âme raisonnable est nécessairement créée, et qu'elle est tellement unie au corps qu'elle est formée véritablement et immédiatement en même temps que lui, réfuter avec soin les systèmes qui nient cette unité de la nature humaine.

9. De la puissance de sentir et surtout du sens intime; atteint-il seulement les affections ou leur substance? comment la sensation diffère-t-elle de la connaissance intellectuelle du moi? réfuter ici l'opinion de ceux qui pensent que la conscience qui affirme à l'homme l'existence de sa personnalité (ce qu'indique le pronom *je*

ou moi) comprend seulement son âme et nullement sa nature composée de l'âme et du corps.

10. De la sensibilité extérieure, c'est-à-dire des sensations et des différents sièges de la sensation ; chercher ici comment et par quelles sensations on prend connaissance de l'existence des corps ; réfuter ceux qui nient que les sens puissent vraiment faire connaître un objet qui leur est propre. Enfin parler de l'imagination et des songes ; et ajouter quelque chose concernant les erreurs des phrénologues.

11. De l'intelligence et surtout de l'origine des idées ; réfuter les erreurs de ceux que l'on appelle empiriques et sensualistes, qui font tout venir des sens, et les erreurs des idéalistes modernes et surtout de Kant ; exposer ces deux systèmes dont l'un soutient que la perception immédiate des choses de l'intelligence est, soit en elles-mêmes, soit en Dieu, et l'autre que la connaissance des choses de l'intelligence vient des sens par abstraction. Si pour toutes choses, en général et en particulier, le maître n'adhère pas à cette dernière opinion, soutenue par saint Thomas et par les docteurs scolastiques, il devra adhérer moins encore à la première opinion, pleine de dangers et de difficultés ; il prendra garde de ne pas taxer d'erreur trop facilement les opinions des autres philosophes, ou de ne pas attaquer trop vivement des opinions qui tout en étant douteuses ne renferment cependant rien de répréhensible.

12. Traiter ici plus complètement de la nature du jugement et prouver que c'est un acte non de volonté mais d'intelligence. — De l'attention, de la réflexion, de l'association, de la reproduction des idées par la mémoire, et du fait de les reconnaître. De la parole, de son utilité, de sa nécessité, et réfuter à ce sujet les partisans de la tradition.

13. De l'appétit sensitif, de la volonté et du libre arbitre de l'homme.

14. De l'immortalité de l'âme humaine, de la fin dernière ; traiter brièvement ce sujet qui sera beaucoup plus développé dans l'Éthique.

15. De l'existence de Dieu. Montrer ici que l'existence de Dieu peut et doit être démontrée d'après les effets, et développer avec soin les principaux arguments à l'aide desquels se fait cette démonstration.

16. De l'unité et des attributs absolus de Dieu ; montrer avec un soin particulier que Dieu est véritablement infini, éternel, immense, immuable, d'une simplicité parfaite, absolument pur, qu'il est vie intellectuelle, subsistante, et ces preuves serviront à réfuter les opinions des panthéistes modernes qui font de Dieu un être indéfini, potentiel, n'étant pas immuable et, comme ils le disent, impersonnel.

17. De l'intelligence et de la volonté divine ; démontrer avec le plus grand soin la liberté d'indifférence de Dieu, surtout dans la création. Du reste, on en parlera ainsi que de la justice, de la bonté et de la prescience de Dieu, sans s'engager dans des controverses théologiques.

18. Après avoir donné soigneusement une explication naturelle

de la création, montrer que le monde n'est pas le produit d'une
matière préexistante, qu'il n'a pu émaner de la substance de Dieu;
que toute chose créée est, dans son essence, totalement différente
de Dieu; chercher également si une création éternelle est possible;
traiter de la perfection du monde, de sa fin dernière, et réfuter le
système nommé optimisme.

19. Enfin, montrer que le concours de Dieu en ce qui touche les
actions des créatures est distinct de la conservation des causes
créées. En dernier lieu, parler de la Providence divine, même en
ce qui concerne le mal.

RÈGLES DU PROFESSEUR DE MATHÉMATIQUES

D'après l'ancien ratio.

1. Il expliquera en classe, pendant environ trois quarts d'heure,
aux élèves de physique, les *Éléments* d'Euclide.

Après qu'ils en auront pris connaissance pendant deux mois,
on leur donnera quelques notions de géographie et de sphère,
ou bien d'autres matières dont ils entendent parler habituellement. On leur donnera ces notions concurremment avec la géométrie, le même jour, ou tous les deux jours.

2. Chaque mois, ou tous les deux mois, le professeur fera
résoudre par un élève au moins, et dans une grande assemblée
de philosophes et de théologiens, un problème célèbre de mathématiques; ensuite on argumentera si on le trouve bon.

3. Une fois par mois, et presque toujours le samedi, à la place
de la prélection, on repassera ce qui a été expliqué pendant le
mois.

RÈGLES DU PROFESSEUR DE MATHÉMATIQUES

D'après le nouveau ratio (1832).

40 [1]. Le professeur de la première année expliquera aux philosophes, tous les jours et pendant une heure au moins, tout ce qui
est nécessaire pour suivre le cours de physique l'année suivante.

_____

1. *Ces numéros sont ceux du nouveau ratio.*

41. En conséquence, le professeur leur enseignera pour établir sur de solides bases les études plus fortes qu'ils pourront faire, l'algèbre, la géométrie plane, et autant que possible, les nombres cubiques et les sections coniques. Lorsque, dans les classes inférieures, ces connaissances scientifiques auront déjà été données, il suffira de les repasser au commencement de l'année, et d'aller ensuite plus en avant.

42. Pendant la seconde et la troisième année, si l'on en reconnaît l'opportunité, le professeur expliquera la géométrie analytique et le calcul différentiel et intégral; on n'admettra à ce cours que les élèves connaissant parfaitement les matières de la première année.

43. Tous les quinze jours au moins, et presque toujours le samedi, à la place de la prélection, on répétera les principales matières vues pendant la quinzaine.

44. Dans les classes où n'ont pas lieu les disputes ordinaires des autres classes, on organisera quelquefois, pendant l'année, des exercices où il y aura une certaine solennité. Les Nôtres y assisteront nécessairement, il faudra aussi y inviter les externes. Les professeurs de notre Société et des professeurs étrangers pourront proposer des difficultés et en demander l'explication et la solution avec preuves à l'appui.

RÈGLES DU PROFESSEUR DE PHYSIQUE

D'après le nouveau ratio.

30 [1]. Après avoir donné des notions générales sur les propriétés des corps, le professeur expliquera la dynamique, la mécanique, l'hydrostatique, l'hydraulique, l'aérostatique, la pneumatique, et ce qui se rapporte à ces sciences; viendront ensuite les éléments de l'astronomie, les traités de la lumière, de la chaleur, de l'électricité, du magnétisme, et si on le trouve utile, de la météorologie.

31. Là où il n'y a qu'un professeur de physique le cours de chimie sera moins étendu.

32. Pour faciliter aux élèves l'étude de ces sciences, le professeur établira dans son cours des divisions par propositions, corollaires, etc., plutôt que de procéder sans interruption et sans divisions.

33. Il emploiera pour les propositions des preuves appropriées au sujet, elles seront ou expérimentales ou basées sur les mathématiques (sans aller cependant jusqu'aux mathématiques transcendantes, à moins que ce ne soit dans la troisième année). C'est pourquoi il ne réduira pas tout au calcul, de manière à ne laisser aucune place aux expériences, et, d'un autre côté, il n'insistera

1. *Ces numéros sont ceux du nouveau ratio.*

pas tellement sur les expériences que la physique paraisse une science purement expérimentale.

34. Il exposera les théories, les systèmes et les hypothèses de façon que l'on voie quel degré de certitude ou de probabilité chacun d'eux présente.

35. Comme la physique fait de jour en jour de nouveaux progrès, le professeur tiendra à cœur, et regardera comme étant de son devoir, de connaître les découvertes les plus récentes, afin que ses leçons se ressentent des progrès qu'il a faits dans la science.

36. Les répétitions et les disputes auront lieu dans les conditions propres à la physique, c'est-à-dire en démontrant des propositions, en proposant des difficultés et des problèmes de physique, en expliquant des phénomènes naturels et des expériences.

37. Il pourra enseigner les éléments de l'histoire naturelle là où le Supérieur le trouvera bon.

38. Là où les Nôtres doivent enseigner la mécanique, l'astronomie, la chimie, et autres sciences semblables dans des classes spéciales, ils suivront les instructions de leur Supérieur et les usages de l'académie.

39 Enfin, dans toutes ces matières, le professeur se souviendra qu'il doit enseigner les sciences profanes au point de vue de la religion, afin que les merveilles invisibles de Dieu deviennent visibles et intelligibles par tout ce qu'il a créé. — Il profitera des occasions qui se présenteront, pour affermir les vérités de la foi, sans cependant faire des excursions dans le domaine de la théologie, de la métaphysique et de l'Écriture sainte.

RÈGLES DU PROFESSEUR D'HISTOIRE ECCLÉSIASTIQUE

Nota. *Ce chapitre est nouveau et n'existe pas dans l'ancien ratio.*

1. Le professeur aura pour but de traiter habilement l'histoire ecclésiastique de manière à rendre l'étude de la théologie plus facile à ses élèves, et à graver plus profondément dans leurs cœurs les dogmes de la foi et les canons de l'Église.

2. Il s'appliquera surtout à être clair, exact, dans son exposition, et pour fixer les faits dans la mémoire, il aura recours à la chronologie et à la géographie.

3. Il choisira dans chaque siècle ce qui lui paraîtra utile et nécessaire de connaître, et il le développera. Quant aux faits de moindre importance, il les passera sous silence ou n'en parlera que très rapidement.

Il insistera au contraire sur les événement importants, indiquera les auteurs qui en ont donné des détails exacts, abondants, afin que les élèves puissent les consulter.

4. Il montrera que les droits de l'Église et de son chef sont ceux

qui s'appuient sur ce qui de tout temps a été reconnu, et que les auteurs qui ont voulu innover en pareille matière n'ont fait qu'œuvre de fictions et de mensonges.

5. C'est aux sources mêmes, au texte des auteurs contemporains qu'il puisera les documents de son cours, s'il le peut facilement; et il montrera que ces documents ont souvent été altérés par les novateurs.

6. Sa critique des auteurs et des faits doit être exempte de toute espèce de préjugés, mais elle sera cependant juste et modérée.

7. Il ne traitera pas les questions relatives au dogme et aux canons, il en laissera l'explication aux professeurs spéciaux; son office se bornera à faire l'historique de ces questions et à prouver par des faits ce qu'il avance.

8. Il montrera comment l'Église, dans le cours des siècles, a toujours conservé ses principes, et comment elle a modifié avec sagesse certaines choses pour se conformer aux besoins et aux avantages des fidèles.

9. Il descendra autant que ce sera nécessaire aux Églises particulières, aux conciles nationaux et provinciaux, et il s'attachera à donner des détails sur les antiquités, les conciles et autres choses concernant les contrées où il enseigne.

10. Tout le cours d'histoire doit s'achever en deux ans, si c'est possible. Dans tous les cas, il ne doit pas dépasser quatre ans.

11. Les répétitions d'histoire auront lieu tous les quinze jours au moins, suivant que le Recteur le décidera; et quand les élèves en théologie ont des disputes mensuelles, ils joindront toujours à leurs conclusions une question sur l'histoire ou la discipline ecclésiastique, ou bien une dissertation écrite qui sera l'objet d'une prélection et d'une argumentation de la part de quelques élèves.

RÈGLES DU PROFESSEUR DE DROIT CANON

Nota. Ce chapitre est nouveau et n'existe pas dans l'ancien ratio.

1. Son principal but est d'expliquer convenablement les lois ecclésiastiques, et de défendre, en toute circonstance, la justice et l'autorité de ces lois.

2. La durée du cours est de deux ans environ. Le professeur le réglera de manière à expliquer, en se conformant toutefois aux usages du pays, pendant la première année, les livres 1, 2 et 5 des Décrétales, et pendant la seconde, les livres 3 ou 4.

3. Quoique l'objet propre de ce cours ne soit pas de traiter ce qui est relatif à la théologie et au droit public, il est cependant convenable d'en parler autant que le demandent les circonstances,

les besoins du pays où l'on se trouve, ainsi qu'une exacte interprétation des canons.

4. La plupart du temps, on développera les questions de droit canon en dehors de la forme scolastique, et l'on y joindra, quand l'occasion se présentera, quelques cas dont les élèves donneront la solution.

5. Tous les quinze jours des répétitions auront lieu, et l'on joindra aux disputes mensuelles quelque conclusion, ou une dissertation écrite sur le droit canon.

RÈGLES DU PRÉFET DES ÉTUDES INFÉRIEURES

1. Il devra comprendre qu'il a été choisi pour aider de tout son pouvoir le Recteur dans la direction et le gouvernement de nos classes, afin que ceux qui les fréquentent, ne fassent pas moins de progrès dans la conduite d'une vie honnête, que dans l'étude des sciences utiles.

2. Pour ce qui touche à la discipline des mœurs dans nos classes, il ne consultera que le Recteur; mais, pour ce qui se rapporte aux études, il consultera le Préfet général des études.

Il ne s'écartera pas du règlement établi à cet effet, ne supprimera aucun usage ancien, et n'en introduira pas de nouveaux.

3. Il aura soin de soumettre à l'examen du même Préfet toutes les déclamations que les élèves de rhétorique et des autres classes inférieures, doivent faire publiquement dans l'intérieur du collège, ou en dehors. Quant aux compositions telles que emblèmes, vers, et autres travaux exposés dans les grands jours, le Recteur désignera deux personnes pour les lire et choisir les meilleurs.

Cet article est le même dans l'ancien et le nouveau ratio, seulement le nouveau ratio supprime le mot emblèmes.

4. Il fera observer avec soin les règles concernant les maîtres et les élèves des classes inférieures. Il aidera, dirigera les maîtres, et veillera à ce qu'ils ne perdent rien en autorité

et en estime auprès de tout le monde et surtout auprès des élèves.

5. Il aura grand soin que les nouveaux professeurs conservent religieusement la méthode et les habitudes de leurs prédécesseurs, tout autant cependant que ces habitudes sont conformes à nos règles. Les externes, de cette manière, auront moins lieu de se plaindre, s'il y a parmi les maîtres de fréquentes mutations.

6. Tous les quinze jours au moins, il assistera aux leçons de chaque professeur. Il observera s'ils donnent tous leurs soins et le temps voulu à l'enseignement de la doctrine chrétienne ; s'ils s'acquittent de leurs devoirs d'une manière suffisante ; s'ils se conduisent enfin avec leurs élèves d'une façon convenable et louable en toutes choses.

7. Il connaîtra de bonne heure et fera connaître aux maîtres les jours de fête, les congés communs à toutes les Provinces, ou particuliers à celle où il se trouve, surtout les congés hebdomadaires ; les heures où doivent, à chaque saison de l'année, commencer et finir les classes ; quand il faut envoyer les élèves aux supplications publiques et aux cérémonies de ce genre. Il réglera également ce qu'il faut faire, ou empêcher en dehors des règles ordinaires.

8. § 1. Il veillera à ce que, sous aucun prétexte, on ne confonde les programmes qui distinguent les cinq classes inférieures, savoir : la rhétorique, les humanités et les trois classes de grammaire. Si, d'après les instructions du Provincial, on dédouble une classe à cause du trop grand nombre d'élèves, l'une et l'autre conserveront le même degré d'enseignement.

Si l'on établit dans une classe plusieurs divisions, elles suivront les programmes indiqués dans les règles des professeurs.

§ 2. Pour que la distinction des classes soit mieux établie et plus facile, on partagera en trois livres les règles de la grammaire d'Emmanuel ; chacun de ces livres s'appliquera à chacune des trois classes de grammaire.

Le premier livre, destiné à la première classe, contiendra le premier livre d'Emmanuel et une courte introduction tirée du second livre relatif à la syntaxe.

Le second livre, destiné à la classe moyenne de grammaire,

contiendra le second livre d'Emmanuel sur la construction des huit parties du discours, jusqu'aux *figures*, avec les appendices les plus faciles.

Le troisième livre, destiné à la plus haute classe de grammaire, contiendra les appendices difficiles du second livre, la construction figurée jusqu'à la fin, et tout le troisième livre, relatif à la mesure des syllabes ou métrique.

Dans les provinces qui suivent une autre méthode que celle en usage à Rome, il faudra également partager la grammaire en trois parties correspondant aux trois classes.

Le nouveau ratio supprime tout ce que contiennent les livres 1, 2 et 3, ainsi que la destination de chacun de ces livres et il n'exige pas que la grammaire soit d'Emmanuel.

§ 3. Pendant le premier semestre, le professeur terminera le livre destiné à chaque classe; dans le deuxième trimestre il le fera répéter, chapitre par chapitre.

Comme le livre de la plus basse classe contient trop de matières pour qu'on puisse l'expliquer et le repasser complètement dans un an, on le partagera en deux. Il serait bon de n'admettre dans la plus basse classe que les enfants connaissant déjà bien la première partie de la grammaire, afin que pour tous les élèves de cette classe la deuxième partie pût être expliquée en un an. Mais si cela ne se peut, on partagera la classe en deux divisions. Pendant le premier semestre les uns apprendront la première partie de la grammaire, et les autres la seconde partie. Pendant le second semestre, les deux divisions verront la grammaire en entier, à partir du commencement.

Là où l'on dédouble la classe, comme il y aura deux divisions, un maître se chargera des élèves les moins avancés, l'autre des élèves les plus avancés.

§ 4. Il y a un double avantage à répéter la grammaire : le premier, c'est que ce qui est répété souvent se grave plus profondément dans l'esprit; le second avantage, c'est que les élèves très intelligents pourront achever leurs études plus rapidement, puisque tous les semestres il leur est possible de monter dans une classe ou une division plus avancée.

§ 5. Là où il y a cinq classes, on aura un professeur pour chacune d'elles comme il a été dit dans les règles des maîtres; et dans aucune classe, excepté dans la plus basse, il n'y aura qu'une seule catégorie d'élèves.

§ 6. Là où il y a quatre classes, elles ne différeront en rien de celles dont nous venons de parler, soit qu'on supprime la rhétorique, ou, ce qui est préférable, qu'on la conserve comme étant la plus haute classe. On suivra alors les règles propres au professeur de rhétorique. La deuxième classe sera celle d'humanités où l'on observera aussi les règles propres à cette classe; la troisième sera partagée en deux divisions; la plus avancée répondra à la plus haute classe de grammaire, la moins avancée à la classe moyenne de grammaire, enfin la quatrième classe répondra à la dernière classe ou à la plus basse classe de grammaire. On pourra encore, comme il a été dit dans les règles déjà citées, partager cette dernière classe en deux divisions. Si l'on conserve l'ordre des classes donné en premier lieu, la troisième classe ne sera pas partagée, et deviendra la plus haute classe de grammaire, la quatrième classe aura deux divisions, et répondra à la classe moyenne et à la dernière classe de grammaire.

§ 7. Là où il y a trois classes, les deux plus basses seront assimilées aux deux dernières classes d'un collège de quatre classes. La plus élevée sera consacrée uniquement aux humanités, ou bien elle sera partagée en deux divisions; la plus haute de ces divisions répondra à la rhétorique, la plus basse à la classe d'humanités, mais on n'établira dans la même classe une division supérieure qu'avec l'avis du Recteur, et lorsqu'il y aura un bon nombre d'élèves capables d'entrer dans cette division. De manière que le maître puisse donner avec zèle ses soins à la division inférieure.

§ 8. Là où il y a deux classes, la plus basse aura deux divisions : l'une de ces divisions répondra à la dernière classe de grammaire, l'autre à la classe moyenne de grammaire. La plus haute classe sera également partagée en deux divisions : l'une répondra à la plus haute classe de grammaire, l'autre à la classe d'humanités.

§ 9. Dans les classes où il y a deux divisions, on répétera dans les deux divisions les matières vues dans l'année comme il a été dit § 3, et, pour que l'on puisse repasser pendant le second semestre ce qui a été expliqué à chaque division pendant le premier, les élèves resteront deux ans, si c'est possible, dans la même classe et dans les deux divisions que comprend chacune d'elles. Si ce temps ne suffit pas on pourra le prolonger encore.

§ 10. Pour obtenir de bons résultats dans les classes où il y a deux divisions, tous les exercices, excepté ceux de grammaire, seront communs à tous les élèves, et d'abord, il y aura prélection de Cicéron dans les deux divisions (*Le nouveau ratio, au lieu de* Cicéron, *met simplement* prélection des auteurs), mais les passages les plus difficiles seront réservés pour la première division, les plus faciles pour la division inférieure. On pourra donner un thème unique. La division supérieure le fera tout entier, la division inférieure n'en fera que la première ou la dernière partie, appropriée aux règles expliquées.

Enfin les exercices et les disputes pourront le plus souvent être communs à tous. La leçon de grammaire seule sera séparée et sera expliquée, tous les deux jours, à chaque division, ou bien on réduira le temps de moitié et l'on expliquera, tous les jours, ou l'on répétera la grammaire dans les deux divisions.

Le nouveau ratio introduit ici deux nouveaux articles supplémentaires :

§ 10 *bis*. Le Préfet des études, après avoir pris l'avis du Provincial, fixera les programmes d'histoire, de géographie, de mathématiques élémentaires et des autres matières qui sont habituellement enseignées dans les classes, de telle façon que le maître puisse achever ce programme commodément et ponctuellement.

§ 10 *ter*. Là où il y a des classes élémentaires (appelées ordinairement classes primaires) le Préfet des études se pénétrera de cette idée qu'il doit en prendre un soin particulier, et pour que les enfants soient élevés dans la piété et qu'ils reçoivent en même temps une solide instruction, il visitera ces classes et exigera des maîtres l'observation du règlement.

9. Autant que possible, le Préfet des études n'admettra aucun élève sans qu'il soit présenté par ses parents ou par des per-

sonnes qui en répondent; ou bien, il n'admettra que ceux qu'il connaît lui-même, ou sur le compte desquels il peut avoir facilement des renseignements de personnes à lui connues. Il n'exclura aucun élève pour cause de basse naissance ou de pauvreté.

10. Il fera subir aux nouveaux élèves l'examen suivant : il leur demandera quelles études ils ont faites, et jusqu'à quel point ils les ont poussées ; ensuite il leur fera faire, à part, une composition écrite sur un sujet donné ; il leur fera réciter quelques règles relatives à ce qu'ils ont appris ; il leur fera traduire en latin quelques courtes phrases, ou, si c'est utile, il leur fera expliquer quelques passages tirés d'un auteur.

11. Il admettra ceux qu'il saura être bien élevés, de bonnes mœurs et de bon caractère ; il leur donnera connaissance du règlement obligatoire pour nos élèves, afin qu'ils sachent quelle doit être leur conduite ; il inscrira sur un registre leurs nom, prénoms, pays, âge, le nom de leurs parents, celui de leur correspondant, leur demeure, le nom des élèves qui la connaissent, l'année et le jour de leur admission ; enfin, il conduira chacun d'eux dans la classe avec le professeur qui lui convient, de telle sorte que l'élève se croie plutôt digne d'être mis dans une classe plus avancée, qu'incapable de rester dans celle où on le place.

12. Le Préfet des études n'admettra pas dans la dernière classe des élèves trop âgés ou trop jeunes, à moins qu'ils ne soient très intelligents, et il les refusera alors même qu'on ne les enverrait au collège que pour y recevoir une bonne éducation.

13. La promotion générale et solennelle d'une classe inférieure à une classe plus élevée se fera une fois par an, après les vacances annuelles. Si la force de quelques élèves est supérieure à celle de leur classe, et s'ils paraissent devoir plus profiter dans une classe plus élevée que dans la leur (ce dont le Préfet s'assurera en interrogeant les maîtres et en examinant les notes), on ne les retiendra pas, et on les fera avancer n'importe à quelle époque de l'année, après leur avoir fait subir un examen.

Le Préfet consentira cependant avec peine à faire passer des élèves de la première classe de grammaire à la classe d'huma-

nités, à cause de la métrique qui s'explique dans le second
semestre. Il consentira de même difficilement à faire monter un
élève de la classe d'humanités en rhétorique à cause de l'abrégé
de Cyprien.

*Dans cet article l'ancien ratio spécifie qu'on consentira avec peine
à faire monter un élève de la plus haute classe de grammaire en
humanités, à cause de la métrique; de même, dit-il, on ne consentira
pas à faire monter un élève de la classe d'humanités en Rhétorique à
cause de l'abrégé de Cyprien : ces deux causes ne sont pas indiquées
dans le nouveau ratio.*

14. Toutes les classes feront en prose, une ou deux fois s'il
le faut, une composition écrite pour l'examen; la plus haute
classe de grammaire et la classe d'humanités composeront encore
une fois en vers, et si on le trouve bon, une fois en grec à
quelques jours de distance.

15. Le Préfet veillera à ce que les maîtres préviennent, deux
ou trois jours à l'avance, que l'on composera pour l'examen écrit.
On lira dans chaque classe, et on les trouvera énoncées à la fin des
présentes règles, les conditions imposées pour ces compositions.

16. Le Préfet présidera à la composition, ou bien il sera remplacé par une autre personne qui, à un signal donné, dictera, le
jour de la composition, un sujet plutôt court que long.

17. Il prendra chez lui les copies réunies en paquet et par
ordre alphabétique; si rien ne s'y oppose, il les partagera entre
les examinateurs, pour qu'ils puissent les lire et marquer les
fautes en marge des copies.

18. Il doit y avoir trois examinateurs; un d'eux sera le plus
souvent le Préfet en personne. Le Recteur, de concert avec le
Préfet, nommera les deux autres qui seront des littérateurs distingués et non choisis parmi les professeurs si c'est possible. Si
le nombre des composants est considérable, rien n'empêchera
de prendre plus de trois examinateurs, et il y aura, par conséquent, pour délibérer, plus de trois suffrages à recueillir.

19. On appellera pour l'examen oral trois ou plus de trois
élèves, surtout dans les classes inférieures, par ordre alphabétique ou par tout autre ordre jugé plus commode.

20. Les examinateurs commenceront par prendre connais-

sance de la liste dressée par les maîtres et des notes qu'elle renferme sur chaque élève; ils les compareront, s'il le faut, avec les dernières notes de la même année, afin de voir les progrès que l'élève a faits et ceux qu'on est en droit d'attendre de lui.

21. Voici comment doit avoir lieu l'examen : d'abord chaque élève lira une partie de sa composition, si on le trouve utile; ensuite, on lui en fera corriger les fautes, et il en rendra compte en indiquant la règle contre laquelle il a péché. Quand on passera aux grammairiens on leur proposera de traduire, sans préparation, du français en latin; on les interrogera sur les règles et sur tout ce qui a été enseigné dans chaque classe. Enfin, si besoin est, on leur fera expliquer un passage d'un des ouvrages expliqués en classe.

22. Quand les trois élèves auront été examinés, on ne prononcera le résultat de l'examen qu'après avoir pris les derniers avis des examinateurs et avoir tenu compte de la composition, de la note donnée par le maître et des interrogations.

23. Si le résultat est douteux, le Préfet leur fera faire tous les jours, et à quelques heures d'intervalle, des devoirs écrits; il s'entendra avec les juges pour les faire composer de nouveau et leur faire subir un examen oral, si cela paraît utile. Dans les examens d'un résultat douteux on tiendra compte de l'âge, du temps passé dans la même classe, de l'intelligence et de l'application de l'élève.

24. Une fois l'examen terminé, on gardera le secret sur les décisions prises; néanmoins, chaque maître aura connaissance de la liste des candidats admis ou refusés, avant qu'elle soit proclamée.

25. Si un élève ne paraît en aucune manière capable d'avancer, on n'aura aucun égard aux prières, et si, en raison de son âge, du temps passé dans la même classe, et pour tout autre motif il paraît, quoique difficilement, capable d'avancer, on ne l'admettra dans la classe supérieure qu'à la condition d'être renvoyé dans la classe inférieure et d'être rayé de la liste de la classe supérieure s'il survient un obstacle, ou si le maître n'est pas content de lui. S'il y a enfin des élèves tellement incapables qu'on ne puisse les faire avancer, et qu'on ne puisse espérer

d'eux aucun progrès dans la classe où ils se trouvent, on en référera au Recteur pour que leurs parents ou leurs correspondants soient obligeamment prévenus de les retirer.

26. On lira, soit séparément dans chaque classe, soit en présence de tous les élèves, dans la grande salle, la liste de ceux qui doivent avancer. S'il s'en trouve qui soient de beaucoup supérieurs à leurs condisciples, on leur fera l'honneur de les nommer les premiers; quant aux autres, on conservera leur ordre alphabétique ou bien leur ordre de mérite.

27. Avant la rentrée des classes, le Préfet s'entendra de bonne heure avec le Recteur sur la liste des ouvrages à expliquer dans nos classes, afin de pouvoir la communiquer au Préfet général, aux maîtres, et décider en même temps s'il y a lieu de changer quelques livres ou quelques auteurs.

28. Il prendra les mesures nécessaires pour que l'on traite à temps avec les libraires, et que nous ou les externes ne manquions pas des livres dont nous nous servons ou dont nous devons nous servir l'année suivante.

29. Au commencement de l'année, le Préfet des études assignera lui-même, ou par l'intermédiaire des maîtres, à chaque élève, et par l'intermédiaire de leur Directeur, à chaque pensionnaire et à chaque externe son banc, et il désignera ceux qui doivent le partager avec lui, à moins que dans certaines localités on n'indique à chacun la place où il doit s'asseoir d'après son rang de mérite.

On donnera aux nobles des sièges plus commodes, et aux Nôtres ainsi qu'aux religieux, des sièges séparés des externes, et le Préfet veillera à ce qu'il ne se fasse aucun changement à son insu.

30. Il est très important que le Préfet des études, de concert avec les maîtres ou avec les Préfets des autres collèges, partage bien le temps et règle les heures d'études particulières, non seulement pour les Nôtres, mais encore pour les pensionnaires, et même, si rien ne s'y oppose, pour les externes.

31. Il ne dispensera personne, surtout pour longtemps, et à moins de raisons sérieuses (et après avoir pris l'avis du Recteur) de faire des vers latins et d'en apprendre de grecs.

32. Il veillera à ce que les déclamations mensuelles des rhétoriciens dans la grande salle du collège soient solennelles, et que leur éclat soit rehaussé non seulement par l'assistance des rhétoriciens et des humanistes, mais encore par celle des classes supérieures. Pour cela, on avertira les maîtres d'inviter leurs élèves à assister à ces déclamations. Aucun des Nôtres ne doit y manquer, à moins qu'il n'y soit autorisé par le Recteur.

33. Le Préfet des études examinera quand, de quelle manière et en quel endroit doivent se réunir les classes pour disputer entre elles. Non seulement il prescrira à l'avance comment on devra disputer, mais il fixera encore la date de la dispute, il y assistera, et aura soin que tout se passe avec modération, sans trouble et avec fruit pour les études. Il assistera également aux déclamations, aux prélections des rhétoriciens et des humanistes qui ont lieu habituellement dans le collège.

L'article 34 de l'ancien ratio a été modifié et augmenté de la manière suivante dans le nouveau ratio :

34. § 1. Il aura grand soin que quelques petites séances publiques de ces exercices aient lieu comme essai avec une certaine solennité, et qu'elles laissent une bonne impression de nos études. Pour cela, il avertira à temps les maîtres, leur donnera des instructions, et il examinera lui-même les élèves qui doivent se produire en public afin de prévenir tout échec en présence d'une nombreuse assistance.

§ 2. Pour procéder régulièrement à ces séances publiques, on dressera un tableau des jours où elles auront lieu, des classes et des élèves qui y prendront part; et si le Supérieur y consent, on le fera imprimer. On invitera des étrangers à faire partie des examinateurs; enfin, on prendra des mesures pour que tout se passe avec solennité, et suivant les usages du pays; afin de donner à la séance plus d'éclat, il y aura comme intermèdes quelques dialogues, ou tout autre exercice de ce genre, pour éviter l'ennui de séances trop prolongées.

Le § 3 du nouveau ratio constitue le texte du n° 34 de l'ancien ratio ainsi qu'il suit :

34. Il s'appliquera à donner de l'essor aux exercices littéraires, à les établir sur des bases de plus en plus solides, et à fonder des académies, si le Recteur le trouve bon, non seulement en rhétorique et en humanités, mais encore dans les classes de grammaire. Dans ces académies, à certains jours, et d'après certaines règles énoncées à la fin de ce livre, on fera des prélections,

on disputera tour à tour, et l'on s'appliquera aux autres exercices littéraires familiers aux bons élèves.

35. Le Préfet rappellera à temps au Supérieur ce qui concerne la distribution des prix, la déclamation ou le dialogue qui peut y être prononcé. Les règles à suivre pour la distribution des prix sont indiquées plus loin, et l'on devra les observer. On les lira dans chaque classe avant la composition écrite.

36. Il veillera encore à ce que, en dehors des prix décernés à la distribution solennelle, les maîtres, dans leurs classes, encouragent par quelques petites récompenses données par le Recteur, ou bien par quelque témoignage de succès, leurs élèves quand ils paraissent l'avoir mérité, soit en vainquant leurs rivaux, soit en récitant par cœur un livre tout entier, soit en faisant toute autre chose méritoire.

37. Il nommera dans chaque classe et suivant les usages du pays un Censeur général, ou si le nom de censeur déplaît, un Décurion supérieur, ou un Préteur estimé de ses condisciples, qui jouira de quelques privilèges, et aura droit, avec l'autorisation du maître, de lever les légères punitions infligées à ses condisciples. Ce Censeur observera si quelque élève avant le signal donné, n'erre pas dans les cours, ou n'entre pas dans une classe qui n'est pas la sienne, ou bien ne quitte pas sa classe ou la place où il doit se tenir. Il signalera aussi au Préfet les absents, et enfin tout ce qui se fait de mal en classe, en l'absence ou en présence du maître.

38. A côté des bons élèves, il en est qui pèchent soit par leur inapplication, soit par ce qui touche aux bonnes mœurs. Avec eux, les bonnes paroles et les conseils ne suffisent pas, on nommera un correcteur qui n'appartienne pas à la Société. Quand on ne pourra pas en trouver, on imaginera un moyen de les châtier, soit en employant un Scolastique, ou de toute autre manière convenable. Pour des fautes commises en dehors de la classe, on n'infligera pas en classe de punitions corporelles, si ce n'est rarement et pour de graves motifs.

Le nouveau ratio n'admet plus qu'un Scolastique serve de correcteur, il se contente de dire qu'on punira l'élève coupable par tout autre moyen convenable.

39. S'il en est qui refusent de subir des châtiments corporels, on les y forcera, si c'est possible, en toute sûreté; mais si, avec les plus grands, par exemple, il résulte de ces châtiments quelques scandales, on chassera ces élèves de nos collèges. On ne prendra cependant pas cette détermination sans consulter le Recteur; on agira de même à l'égard de ceux dont l'absence est fréquente.

Le nouveau ratio modifie un peu les châtiments corporels de cette manière : ceux qui refusent de subir des châtiments corporels y seront forcés, ou si cela ne peut se faire sans qu'il y ait scandale, on les chassera de notre collège, etc.

On ne parle dans cet article modifié ni des grands élèves ni de la précaution à prendre pour que la punition se fasse en toute sûreté.

40. Quand les paroles, les corrections corporelles ne suffisent pas pour espérer qu'un élève s'amende un peu, quand il paraît être une pierre d'achoppement pour ses condisciples, il vaut mieux le renvoyer d'un établissement où il ne fait aucun progrès, où il nuit aux autres, que le garder. On laissera au Recteur le soin de prendre cette décision, afin que tout contribue, comme il est juste, à la gloire et au service de Dieu.

41. S'il survient une circonstance où il ne suffit pas de chasser un élève pour remédier au mal qu'il a fait, le Préfet en référera au Recteur pour qu'il voie ce qu'il convient encore de faire, tout en agissant dans un esprit de douceur, de paix et de charité envers tous autant que possible.

42. On n'admettra pas à rentrer dans nos classes, sans en avoir averti le Recteur qui jugera ce qu'il est bon de faire, aucun de ceux qui auront été chassés, ou qui seront partis de leur propre gré, et sans motif légitime.

43. Le Préfet ne souffrira ni dans les cours, ni dans les classes, même supérieures, aucun oisif, aucun rassemblement, aucuns cris, jurements, injures, en fait ou en paroles; il ne permettra rien de déshonnête ou de trop libre. S'il survient un accident, si la tranquillité des cours est troublée de quelque manière, il prendra aussitôt les dispositions nécessaires, et s'entendra avec le Recteur.

44. Pendant tout le temps des classes, il doit rester non seu-

lement dans la cour ou dans une salle d'où l'on peut voir ce qui se passe dans la cour, mais il doit encore parcourir les classes, avant de donner le signal pour y entrer, et il assistera toujours à la sortie des classes en se tenant à la porte du préau.

45. Il veillera à ce qu'on ne fasse pas de bruit soit en entrant à la chapelle, soit en en sortant; à ce que les élèves n'entendent jamais la messe sans qu'un ou plusieurs maîtres soient présents; à ce que tous les élèves n'assistent pas seulement à la messe religieusement, mais encore en bonne tenue et en bon ordre.

46. Il veillera à ce que les confesseurs soient à leur poste aux jours et aux heures fixés pour les confessions; il entrera dans la chapelle pendant ce temps, et il aura soin que les enfants aient une tenue pieuse et modeste.

47. Personne, pas même le Préfet, ou tout du moins très rarement, ne fera sortir les élèves pendant les prélections; si d'autres transgressent cette règle, il en avertira le Recteur.

48. Dans aucune circonstance il ne se servira des élèves pour écrire, et ne permettra pas que d'autres s'en servent également.

49. Il fera afficher dans toutes les classes et dans un endroit où tout le monde pourra les lire, les règles communes aux externes. On les lira au commencement de chaque mois en rhétorique et dans les autres classes inférieures.

50. Là où il n'y a pas de Préfet d'études supérieures, le Préfet des études inférieures aura la charge, avec l'autorisation du Recteur, de revoir les déclamations publiques et de distribuer, avec l'assentiment du même Recteur, les livres à nos Scolastiques.

RÈGLES DE LA COMPOSITION ÉCRITE POUR L'EXAMEN

1. Tous les élèves doivent comprendre que pour l'examen on ne tiendra aucun compte, le jour de la composition écrite, de ceux qui manqueront, à moins qu'ils ne soient retenus par des motifs sérieux.

2. On doit venir de bonne heure en classe, pour recevoir le

sujet de la composition, les instructions données par le Préfet des études, ou par d'autres personnes, et pour que tout soit terminé à la fin de la classe. On doit garder le silence pendant la composition, et il ne sera permis à aucun élève de parler à d'autres personnes, pas même au Préfet ou à son remplaçant.

3. On doit arriver muni de ses livres et de tout ce qui est nécessaire pour écrire, de manière à ne pas être obligé de demander quoi que ce soit, à personne, pendant la composition.

4. On doit écrire posément et lisiblement, suivant qu'on est élève d'une classe plus ou moins élevée. Tout ce qui est écrit de manière qu'on ne puisse le comprendre est compté comme faute ; les mots omis ou changés sans réflexion, pour éviter une difficulté, sont considérés comme fautes.

5. On prendra garde à ceux qui sont à côté l'un de l'autre, car, si par hasard deux compositions se ressemblent, toutes les deux seront considérées comme suspectes, vu l'impossibilité de découvrir quel est celui qui a copié.

6. Afin d'éviter les fraudes, si quelqu'un, après avoir commencé d'écrire, a besoin de sortir, et qu'on le lui permette, il remettra au Préfet ou à celui qui préside tout ce qu'il a écrit.

7. Une fois la composition terminée, chacun, à sa place, repassera soigneusement, corrigera, perfectionnera autant qu'il le voudra, tout ce qu'il a écrit, car, dès qu'il aura remis sa composition au Préfet, on ne la lui rendra pas pour y faire des corrections.

8. Dès que le Préfet l'aura ordonné, chacun pliera, avec soin, sa composition et écrira en latin sur le dos, son nom et son prénom, pour qu'on puisse classer facilement les copies par ordre alphabétique.

9. En rendant sa composition au Préfet, chacun prendra ses livres, et sortira immédiatement de la classe, en silence. La sortie des élèves qui auront terminé, n'empêchera pas leurs camarades d'achever leur composition, sans changer de place.

10. Si quelqu'un n'a pas terminé sa composition dans le temps fixé, il remettra ce qu'il a fait ; c'est pour cela que tous les élèves doivent bien comprendre que dans le temps accordé pour la composition ils doivent en consacrer une partie à écrire et l'autre à revoir ce qu'ils ont fait.

11. Enfin, en arrivant à l'examen, on apportera les ouvrages expliqués pendant l'année, et sur lesquels on sera interrogé. Pendant qu'un élève sera interrogé, les autres écouteront attentivement, mais ils ne feront pas de signes à leurs camarades, et ne les reprendront pas, à moins qu'on ne les en prie.

RÈGLEMENT DES PRIX

1. On proposera huit prix pour la rhétorique : deux pour le discours latin (prose) ; deux pour les vers ; deux pour le discours grec (prose) ; deux pour les vers grecs.

Il y aura six prix pour la classe d'humanités et pour la première classe de grammaire, dans le même ordre que pour la rhétorique, en supprimant toutefois les vers grecs qui ne sont en usage qu'en rhétorique. Dans les autres classes inférieures, il y aura quatre prix. On supprimera les vers latins.

On donnera en outre, un ou deux prix, dans chaque classe, à ceux qui auront le mieux appris et récité la doctrine chrétienne.

Le nouveau ratio ajoute : Ainsi qu'à ceux qui se sont distingués dans l'étude de la langue française, et dans les autres parties accessoires de l'enseignement, c'est-à-dire en histoire et en géographie.

On pourra, suivant le nombre plus ou moins grand des élèves, donner plus ou moins de prix, pourvu que la prééminence soit toujours accordée au latin.

2. On fera les compositions écrites, dans les différentes facultés, à des jours séparés, de telle sorte que ce soit un jour en discours latin, un autre jour en vers, et de même pour le discours grec et les vers grecs.

3. Tous les élèves de chaque classe s'y réuniront aux jours et aux heures fixés pour la composition.

4. Une fois le sujet de la composition donné, personne ne sortira de la classe, avant d'avoir terminé et remis sa copie. On ne communiquera avec personne, ni à l'intérieur, ni en dehors

du collège. Si un élève a besoin de sortir, et qu'il en ait obtenu la permission, il laissera à celui qui préside le sujet de la composition et tout ce qu'il aura écrit.

Le nouveau ratio complète cet article de la manière suivante :

Le Recteur fixera avec soin le temps nécessaire pour la composition, à condition toutefois de ne pas dépasser le coucher du soleil. Il serait convenable qu'elle ne durât pas plus de cinq ou six heures.

5. Si quelqu'un demande à rester plus longtemps pour achever et revoir sa composition on le lui accordera, à condition de ne pas sortir de classe, et de n'y pas rester, passé le coucher du soleil.

6. Chaque élève, en sortant, remettra au Préfet ou à son remplaçant sa copie bien écrite, en y ajoutant la devise qu'il préférera, mais sans y mettre son nom. Il remettra à la même personne un autre pli, sur le dos duquel se trouvera la même devise, et qui renfermera, à l'intérieur, son nom et son prénom. Il cachettera soigneusement ce pli pour qu'on ne puisse voir son nom.

7. Le Préfet du collège gardera fidèlement toutes ces compositions, et n'ouvrira les enveloppes renfermant les noms qu'après le classement des compositions.

8. Les juges que l'on choisira seront au nombre de trois; ils seront instruits et sérieux. L'un d'eux pourra ne pas être des Nôtres, si les usages du pays le demandent. Ils ignoreront à qui appartient chaque composition. Après les avoir lues toutes, attentivement, ils décideront, à la majorité des suffrages, quels sont, dans chaque faculté, les vainqueurs qui ont mérité la première et la seconde place, et quels sont ceux qui en ont le plus approché.

9. Dans l'appréciation des compositions, on préférera celles qui brillent par le style, plutôt que celles où le sujet est plus développé. S'il en est d'un mérite égal pour le fond et pour le style, on donnera la préférence aux compositions où le sujet est plus développé. Si les compositions sont d'un mérite égal pour le développement, on donnera la préférence à la mieux orthographiée. S'il y a égalité pour l'orthographe et pour le reste,

9

on donnera le prix à celui qui aura obtenu les meilleures notes en littérature. S'ils sont encore tout à fait égaux sur ce point, on doublera le prix, ou bien on le tirera au sort. Si un élève a remporté le premier prix dans toutes les facultés, on lui donnera le prix de toutes les facultés (à moins que l'usage ne s'y oppose).

10. Quand toutes les compositions auront été jugées, le Préfet des études, avec le Recteur et le Préfet général, ouvrira les plis qui renferment avec les devises, les noms des concurrents. Il contrôlera soigneusement leurs noms d'après les devises, pour ne pas faire d'erreur, et il déclarera ces noms qui ne doivent être connus que des maîtres.

11. Enfin, au jour fixé, on proclamera en public les noms des vainqueurs, avec le plus de solennité possible, et en présence d'une nombreuse assistance. Les prix seront donnés aux vainqueurs qui s'avanceront au milieu de l'estrade. Les absents perdront leurs prix, même celui qui leur est le plus légitimement dû, à moins d'être excusés par le Préfet qui, pour de justes motifs soumis à l'approbation du Recteur, leur donnera l'autorisation de s'absenter.

12. On proclamera chaque vainqueur à peu près en ces termes : Tel a mérité et obtenu le 1er, 2e, 3e prix de discours latin ou grec, de vers latins ou grecs, etc.; puisse cette récompense être favorable et utile à la littérature et à tous les élèves de notre collège.

On remettra le prix au vainqueur, non sans ajouter quelques vers appropriés au sujet, répétés immédiatement par des chanteurs, si cela peut se faire facilement. Après le dernier prix, on proclamera les accessits et on pourra donner à ceux qui les ont mérités quelque chose en place de prix.

Cet article a été modifié de la manière suivante dans le nouveau ratio :

La formule habituelle des prix décernés à la distribution est ainsi libellée : ont obtenu dans l'ordre suivant les prix de.... Puisse cette récompense être favorable et utile à la littérature et à tous les élèves de notre collège. On remettra alors le prix au vainqueur au milieu des applaudissements de l'assemblée, et des accords harmonieux de l'orchestre. En dernier lieu, on proclamera les accessits, etc., *comme dans l'ancien ratio.*

13. Si un élève transgresse ces règles ou commet quelque fraude, on ne tiendra aucun compte de sa composition.

RÈGLES COMMUNES AUX PROFESSEURS DES CLASSES INFÉRIEURES

1. Le maître doit élever les jeunes gens confiés à ses soins de telle manière qu'ils se forment en même temps qu'aux belles-lettres, aux mœurs dignes d'un chrétien.

Il s'attachera particulièrement, soit dans sa classe lorsque l'occasion se présentera, soit en dehors de la classe, à préparer les jeunes âmes des élèves à l'obéissance et à l'amour de Dieu et des vertus qu'il faut pratiquer pour lui plaire, mais il observera principalement les instructions suivantes :

2. Avant de commencer la classe, quelqu'un fera la courte prière d'usage ; le professeur et tous les élèves l'écouteront attentivement, à genoux et la tête découverte. Avant de commencer la classe, le professeur, tête découverte, fera lui-même le signe de la croix.

3. Le professeur aura soin que tous ses élèves assistent à la messe et au sermon. Il les enverra, ou même, suivant les usages du pays, il les conduira à la messe tous les jours, et au sermon tous les jours de fête ; pendant le carême, il les conduira au sermon au moins deux fois par semaine.

4. On enseignera et l'on fera réciter par cœur le vendredi et le samedi la doctrine chrétienne dans les classes, surtout dans les classes de grammaire, et même dans les autres s'il le faut, à moins qu'il ne paraisse utile de la faire réciter plus souvent dans certains pays et aux nouveaux élèves.

Le nouveau ratio a un peu modifié cet article de la manière suivante :

On enseignera la doctrine chrétienne dans toutes les classes ; on la fera réciter par cœur le vendredi et le samedi dans les *trois classes* de grammaire, et même dans les autres, s'il le faut ; on donnera des explications plus avancées suivant que les classes seront elles-mêmes d'un degré plus élevé.

5. Le vendredi ou le samedi, le professeur fera pendant une demi-heure une pieuse exhortation, ou bien il expliquera la doctrine chrétienne. Il exhortera les élèves, par-dessus tout, à prier Dieu tous les jours; à réciter tous les jours la Couronne ou l'office de la Sainte Vierge; à faire, tous les soirs, l'examen de conscience; à s'approcher souvent et religieusement des sacrements de Pénitence et d'Eucharistie; à fuir les mauvaises habitudes, à détester le péché (à honorer dévotement le Sacré Cœur de Jésus), et à pratiquer enfin les vertus dignes d'un chrétien.

6. Dans des entretiens particuliers, il fera aux élèves toutes ces recommandations relatives à la piété, sans qu'il paraisse vouloir attirer quelqu'un à faire partie de notre Société, mais s'il remarque en lui quelque apparence de vocation, il l'enverra à son confesseur.

7. Il fera réciter le samedi, à la classe du soir, les litanies de la Sainte Vierge; ou, si c'est l'usage, il conduira les élèves à la chapelle pour les réciter avec leurs autres condisciples. Il leur conseillera aussi d'avoir de la piété envers la Sainte Vierge et leur ange gardien.

8. Il leur recommandera de faire une lecture spirituelle, de lire surtout les vies des saints; il s'abstiendra lui-même non seulement de toute lecture impure, et de celles où les bonnes mœurs peuvent être blessées, mais il détournera encore autant que possible ses élèves de lire ces livres en dehors de la classe.

9. Il fera en sorte que personne ne manque de se confesser tous les mois. Le confesseur donnera sur un billet le nom et le prénom des élèves qu'il a entendus au tribunal de la pénitence, afin qu'en revisant les billets on voie ceux qui ont manqué de se conformer à ce devoir.

10. Il priera Dieu souvent pour ses élèves, et il les édifiera par les exemples de sa vie religieuse.

11. Il obéira au Préfet des études dans tout ce qui se rapporte aux études et à la discipline de la classe. Il n'admettra ou ne renverra personne sans son autorisation; il n'expliquera aucun livre, et ne dispensera personne d'aucun des exercices ordinaires sans y être autorisé par le Préfet.

12. § 1. Toutes les classes se renfermeront dans leur programme.

On parlera plus bas de la rhétorique et de la classe d'humanités ; quant aux classes de grammaire, il doit y en avoir trois où s'achèveront certains cours propres à chacune d'elles.

On partagera toutes les règles d'Emmanuel en trois parties. Chaque classe étudiera celle qui lui est propre, de manière que l'on puisse recourir à celle qui a été vue dans la classe précédente, ainsi qu'on l'indiquera dans les règles de chaque maître.

Au lieu des règles d'Emmanuel, le nouveau ratio dit simplement : Toutes les règles grammaticales seront divisées en trois parties. *A la suite de cet article le nouveau ratio ajoute :* § 2. On suivra pour apprendre le français la même méthode que pour le latin.

13. La grammaire grecque sera divisée de la manière suivante :

La 1ʳᵉ partie, destinée à la plus basse classe, comprendra, à partir des premiers éléments, les noms simples, le verbe être ou substantif, et les verbes simples.

La 2ᵉ partie, destinée à la classe moyenne de grammaire, comprendra les noms contractes, les verbes contractes, les verbes en *mi* et la formation des temps les plus faciles.

La 3ᵉ partie, destinée à la plus haute classe de grammaire, comprendra les autres parties du discours, savoir : tout ce que contient la grammaire sous le nom de rudiments, excepté les dialectes et les annotations les plus difficiles.

La 4ᵉ partie, destinée à la classe d'humanités, comprendra toute la syntaxe.

La 5ᵉ partie, destinée à la rhétorique, comprendra la métrique.

Cet article a été modifié de la manière suivante dans le nouveau ratio (la première et la deuxième partie sont les mêmes dans l'ancien et le nouveau ratio) : La 3ᵉ partie comprendra les autres parties du discours, et toute la syntaxe. La 4ᵉ partie comprendra enfin la métrique, et quelques notions relatives aux dialectes.

14. Les classes, qui, en rhétorique, seront au moins de deux heures, dureront, en humanités et dans les autres classes, deux

heures et demie le matin et autant le soir. Elles dureront au moins deux heures les jours de congé. Ce règlement du temps ne changera pas pour qu'il n'y ait pas d'incertitude sur les heures où auront lieu les exercices.

15. Le Provincial peut cependant, suivant les usages du pays, changer l'ordre de ces exercices, pourvu que l'on conserve aux mêmes exercices la même durée indiquée dans les règles de chaque maître, et que l'on continue, sans rien y changer, ce que l'on a une fois commencé.

16. Si une fête tombe le samedi, les exercices de ce jour-là se feront la veille, ou bien on les supprimera.

17. Là où l'on n'a pas établi d'exercices propres au jour de congé, on partagera le temps comme il a été dit. On restreindra, en proportion du temps, chacun des exercices qui ont lieu les autres jours, ou bien on en supprimera quelques-uns à tour de rôle, et on laissera un peu de temps pour une concertation.

18. On maintiendra, par-dessus tout et très sévèrement, l'usage de parler latin, en exceptant cependant les classes où les élèves ignorent le latin, et l'on ne permettra jamais, pour tout ce qui se rapporte à la classe, d'employer le français. On notera ceux qui négligeront cette prescription, et pour arriver au but qu'on se propose, le maître parlera continuellement en latin.

Cet article a été complètement modifié ainsi qu'il suit dans le nouveau ratio :

On doit surtout veiller à ce que les élèves acquièrent l'habitude de parler latin; en conséquence, le maître, à partir de la plus haute classe de grammaire, parlera latin, et il exigera que les élèves le parlent, surtout en expliquant les règles, en corrigeant les devoirs latins, dans les concertations et dans les entretiens. Mais quand on traduira du latin en français, le maître regardera comme lui étant particulièrement recommandé d'exiger de ses élèves une pure et bonne prononciation de la langue française.

19. Les élèves réciteront aux décurions dont nous donnerons plus bas le règlement, les prélections qu'ils auront apprises par cœur, à moins qu'en rhétorique il n'y ait un autre usage qui prévale. Les décurions eux-mêmes réciteront leurs leçons au grand Décurion ou au professeur. Pour contrôler la bonne

foi des décurions et maintenir tout le monde dans le devoir, le maître fera réciter lui-même quelques-uns des paresseux ainsi que ceux qui viennent en retard en classe. Le samedi, on récitera par cœur et en public, ce qui a été appris pendant une ou plusieurs semaines. Quand un livre aura été terminé, on pourra choisir un élève qui le récitera sur une estrade, du commencement jusqu'à la fin, et il recevra une récompense.

20. Dans les classes de grammaire on apportera un devoir écrit tous les jours, excepté le samedi. Dans les autres classes, on remettra aussi, tous les jours, un devoir en prose, excepté le jour de congé et le samedi. Deux fois seulement par semaine, le lundi et le jour de congé, il y aura un devoir en vers : on remettra un thème grec une fois par semaine, à la classe du soir, et le jour qui conviendra au maître.

21. On corrigera ordinairement à part, avec chaque élève et à voix basse, les devoirs écrits pour donner aux autres élèves le temps de s'exercer au style pendant cette correction : cependant, il est bon, soit au commencement, soit à la fin de la classe, de lire chaque jour et d'apprécier quelques passages tirés des meilleurs et des plus mauvais devoirs.

22. En général, pour la correction d'un devoir écrit, on doit indiquer les fautes contre les règles, demander à l'élève comment il peut les corriger ; les faire corriger sur-le-champ, en présence de tous les élèves, par des camarades qui les ont remarquées, enfin donner des éloges si l'élève n'a fait aucune faute. Pendant que tout cela se passe, en présence de toute la classe, les élèves liront et corrigeront leur brouillon qu'ils apporteront toujours en sus de la copie remise au maître.

Le nouveau ratio ajoute :

Le maître, aussi souvent que possible, dictera les corrigés de ces devoirs qu'il aura faits avec le plus grand soin ; il rédigera également bien clairement et en bonne écriture, en marge des copies, ses notes littéraires.

23. Il faudrait que les maîtres corrigeassent tous les jours tous les devoirs de leurs élèves ; il en résulterait de précieux avantages, mais si le grand nombre d'élèves ne le permet pas, il en corrigera le plus possible, et appellera le lendemain les

élèves qu'il n'a pu prendre le jour même. Pour cela, les jours surtout où l'on remet des vers, on donnera à des camarades quelques copies à corriger, et pour que cela se fasse commodément, chaque élève inscrira sur le dos de la copie non seulement son nom, mais encore celui du camarade qui doit la corriger, et le maître, à la classe du soir, pendant qu'on récite, corrigera quelques copies, et il en corrigera d'autres chez lui, s'il le trouve bon.

Cet article est presque le même dans l'ancien et le nouveau ratio. Il ne contient dans le nouveau que les modifications suivantes :
Le maître ne laissera longtemps aucun devoir sans être corrigé. Pendant la récitation, il prendra à part *chaque élève* à tour de rôle et corrigera à voix basse quelques copies ; il corrigera le reste, autant que possible, chez lui.

24. Pendant la correction des copies, suivant que la classe est d'un degré plus ou moins élevé, le maître fera faire différents exercices tantôt l'un, tantôt l'autre. Rien en effet n'affaiblit autant l'activité des jeunes gens que la satiété des mêmes choses.

Le nouveau ratio ajoute :
Outre les devoirs que l'on peut faire tous les jours en classe, on composera dans toutes les classes, au moins une fois par semaine et pendant une heure au moins.

25. On répétera la prélection de la veille, et celle du jour présent. Un élève s'en chargera, ou l'on en chargera plusieurs élèves pour que tous s'exercent. On répétera ce qui est le plus important et le plus utile. On commencera par les plus âgés, puis viendront les autres. On parlera sans s'interrompre; ou bien le maître interrompra l'élève en faisant des interrogations. Un camarade reprendra celui qui répète, si ce dernier fait une faute, ou bien il lira en avant s'il s'arrête.

26. On repassera le samedi tout ce qui a été vu pendant la semaine. Si des élèves se présentent pour répondre sur toutes les questions ou sur un livre entier, on en choisira quelques-uns, que deux ou trois camarades harcèleront d'interrogations, et on leur donnera une récompense.

27. Dans les prélections on n'expliquera que des auteurs anciens et jamais des auteurs modernes; il sera très utile que

le maître ne parle jamais précipitamment, qu'il ne dise que ce qu'il a écrit après y avoir mûrement réfléchi et après avoir lu le livre entier, ou le discours à expliquer, et voici comment doit se faire une *prélection* :

1° Le maître commencera par lire sans interruption tout ce qui doit faire l'objet de la prélection, à moins que cette lecture ne soit trop longue en rhétorique et en humanités.

Le nouveau ratio supprime le mot rhétorique et humanités.

2° Il exposera rapidement le sujet; et s'il le faut, il montrera le rapport qui existe entre ce que l'on va expliquer et ce qui précède.

3° Il expliquera soigneusement chaque période; s'il l'interprète en latin, il éclaircira ce qu'il y a de plus obscur; montrera l'enchaînement des idées, expliquera la pensée de l'auteur, non en traduisant sottement un mot latin par un autre mot latin, mais en éclaircissant cette pensée, si elle est obscure, par des phrases plus intelligibles, qui en donnent le véritable sens. S'il la traduit en français, qu'il conserve autant que possible aux mots la place qu'ils ont en latin. Les oreilles s'habituent ainsi à comprendre le rythme de la phrase latine. Si le français ne le permet pas, il commencera par expliquer le tout, mot à mot, puis il en fera le bon français.

4° Revenant au commencement du texte, à moins qu'il n'aime mieux le faire dans le courant de l'explication, il donnera, en les appropriant à sa classe, les observations qu'il a faites sur le texte; elles ne seront pas nombreuses, et ce sera, soit en interrompant l'explication, soit à part, après la prélection, et alors, il dictera ses observations. Il est utile, généralement, que les élèves de grammaire n'écrivent que ce qu'on leur commande.

28. La prélection d'un historien ou d'un poète aura cela de particulier, c'est qu'on expliquera presque en courant un historien, tandis qu'il conviendra, le plus souvent, de faire avec soin une paraphrase oratoire, quand il s'agira d'un poète. On fera en sorte que les élèves s'habituent à distinguer le style poétique du style oratoire.

Le nouveau ratio ajoute :

On fera de la même manière, en français, la prélection d'un auteur classique.

29. Quand on fera la prélection soit de la rhétorique de Cyprien (*Le nouveau ratio met tout simplement la rhétorique*), soit de la métrique, de la grammaire latine ou grecque, et d'autres livres semblables relatifs aux règles, on fera plus attention au fond des choses qu'aux mots ; on fera remarquer les expressions les plus courtes employées par les meilleurs auteurs pour rendre leurs pensées, et on les fera répéter immédiatement. Dans les basses classes de grammaire, principalement, s'il se trouve quelque difficulté trop grande, on y reviendra un ou plusieurs jours, ou bien on mettra à la place et l'on répétera des choses plus faciles tirées d'autres parties de la grammaire.

30. On ne dictera pas un sujet de devoir sans préparation, mais après y avoir réfléchi, et après l'avoir presque traité soi-même. On aura pour but d'imiter Cicéron autant que possible, et de suivre les règles de la narration de l'admonition, celles ayant pour objet de persuader, de féliciter, ainsi que les règles de tous autres sujets de ce genre ; on pourra les traiter en latin ou en français.

Aussitôt le sujet dicté, le maître le fera relire ; s'il se trouve quelques mots ou quelques phrases difficiles, il les expliquera, et donnera à ses élèves tous les secours possibles. Tout en dictant, il dira (excepté en rhétorique) comment on doit traiter telle ou telle partie, comment il faut diviser le sujet. Quand il y aura plusieurs jours de fête, ou des vacances plus ou moins longues, on donnera un sujet exigeant plus de développement qu'à l'ordinaire.

31. On attachera une grande importance à la *concertation* qui consiste ordinairement dans les interrogations du maître, la correction par des camarades des fautes que l'on fait, ou bien dans un débat entre rivaux qui s'interrogent et répondent tour à tour.

On favorisera, autant que le temps des études le permettra, cet exercice comme étant un excellent moyen d'émulation et un grand stimulant pour les études.

On pourra, des deux côtés, mettre en présence un ou plusieurs concurrents pris surtout parmi les magistrats; ou bien un élève en attaquera plusieurs; ou bien ils seront un contre un, ou bien un magistrat combattra contre un magistrat; quelquefois, cependant, un simple élève combattra contre un magistrat, et s'il triomphe, il pourra obtenir le grade du vaincu, ou toute autre récompense, comme marque de sa victoire, suivant l'importance de sa classe et les usages du pays.

32. Les exercices extraordinaires ont une grande utilité. Ce qu'on peut en dire en général c'est que le maître doit polir, sans toutefois que ce soit entièrement son œuvre, tout ce qui sera lu en public, afin de cultiver la mémoire et l'intelligence des élèves.

On agira de même pour les vers lus en public, et l'on s'attachera à ce que les élèves aient dans leur voix, leurs gestes et dans toute l'action une dignité convenable.

La première phrase de cet article est ainsi modifiée :
Les exercices extraordinaires et les expositions publiques ont une grande utilité. Ce qu'on peut en dire, d'une manière générale, c'est qu'on ne doit produire en public que des travaux préparés avec un grand soin. Le maître polira, sans toutefois que ce soit entièrement son œuvre, tout ce qui y est exposé afin de cultiver non seulement la mémoire, mais encore l'intelligence des élèves.
Le reste comme dans l'ancien ratio.

33. Tous les quinze jours, et le samedi, en rhétorique et en humanités, une classe en invitera une autre à une prélection de grec ou de latin, ou à lire un discours latin, ou bien des vers.

Dans les autres classes, on se bornera à répéter la prélection donnée par le professeur, et l'on n'invitera que tous les mois d'autres classes à assister à ces exercices.

34. La concertation, entre deux classes qui se suivent, aura lieu quelquefois pendant l'année, durant une heure environ, et au jour indiqué par le Préfet des études inférieures. Elle roulera sur les matières communes aux deux classes et sous la direction des deux professeurs de ces classes.

Deux ou trois élèves, ou plus encore, choisis parmi les meilleurs de ces deux classes, disputeront entre eux, soit en ayant convenu de préparer à l'avance leurs demandes et leurs réponses ; soit en faisant, comme elles leur viendront à l'esprit, les demandes et les réponses ; soit en faisant des objections, principalement au sujet de la rhétorique, sur des questions douteuses proposées par l'un d'eux.

35. Tous les mois, ou tous les deux mois, on élira les magistrats et on leur donnera des récompenses (à moins que cela paraisse peu nécessaire en rhétorique). Pour cela (à moins qu'il ne soit préférable dans les basses classes de laisser une demi-heure pour la concertation), on composera en classe, et pendant tout le temps de la classe, une fois en prose et une fois en vers ou en grec dans les hautes classes, si on le juge utile.

Les premiers dans ces compositions occuperont les magistratures les plus élevées ; ceux qui auront approché le plus des premières places auront d'autres grades honorifiques.

Pour que leurs dénominations aient une teinte d'érudition, on les empruntera à la milice ou à la république grecque et romaine. Afin d'exciter l'émulation, on pourra partager la classe en deux camps ; chacun d'eux aura ses magistrats qui seront réciproquement opposés les uns aux autres et chaque élève aura un adversaire qui lui sera désigné.

Les premiers magistrats des deux camps seront assis aux premières places.

36. Les décurions seront chargés par le maître de faire réciter les leçons, de ramasser les copies, de pointer sur un cahier les fautes de récitation, de noter ceux qui n'ont pas remis de devoir, ou qui n'en ont pas porté le brouillon, et de toutes les autres choses que le maître leur commandera.

37. Dans toutes les classes, excepté en rhétorique, et un mois environ avant l'examen, on exercera les élèves sur ce qu'ils ont vu de plus important, afin de les mettre en état de monter dans une classe plus haute.

Si, dans le courant de l'année, un élève se distingue d'une manière particulière, le maître en référera au Préfet des études ;

on l'examinera à part, et l'on pourra le faire passer dans une classe plus haute.

38. Le professeur remettra au Préfet des études, au commencement de l'année, la liste de ses élèves par ordre alphabétique. Il revisera de temps en temps cette liste pendant l'année, afin de la modifier si c'est nécessaire, et il y mettra le plus grand soin quand aura lieu l'examen général des élèves.

Il établira dans cette liste d'élèves le plus de distinctions possible; les très bons, les bons, les médiocres, les douteux, ceux qu'il faut retenir dans la même classe, ceux qu'il faut renvoyer. On pourra désigner ces notes par les chiffres 1, 2, 3, 4, 5, 6.

39. Il n'est rien qui maintienne plus la discipline que l'observation des règles. Le maître se préoccupera donc, par-dessus tout, de les faire observer, et de veiller à l'exécution de ce qui a été dit au sujet des études. Il arrivera plus facilement à ce but en faisant espérer des honneurs et des récompenses, en inspirant la crainte du déshonneur, que par les châtiments.

40. Il ne sera pas prompt à punir, pas excessif dans ses enquêtes; il dissimulera plutôt les fautes, quand il pourra le faire sans danger. Non seulement il ne frappera personne lui-même (c'est l'affaire du correcteur), mais il s'abstiendra encore de dire ou de faire quelque chose de blessant; il n'appellera qui que ce soit que par son nom ou son prénom; à la place d'un châtiment corporel, il sera bon, quelquefois, d'ajouter un pensum au devoir ordinaire.

S'il est nécessaire d'infliger des punitions extraordinaires et plus fortes que d'habitude, pour des fautes commises en dehors de la classe, à ceux qui, par exemple, ont refusé de se soumettre à des châtiments corporels, surtout s'ils sont grands, le maître ne s'en chargera pas, et renverra le coupable au Préfet.

41. Il exigera de ses élèves une grande assiduité et ne leur donnera pas la permission d'aller au théâtre ou aux exercices publics. Si quelqu'un s'absente, il enverra chez lui un de ses condisciples ou toute autre personne, et il punira l'absence, si l'élève n'apporte pas une excuse suffisante. Il renverra au

Préfet et ne recevra pas sans son autorisation ceux qui auront été absents plusieurs jours et sans motif.

42. Il n'exemptera personne d'aucune partie des devoirs de la classe sous prétexte que l'on va ou que l'on a été se confesser.

On commencera par envoyer se confesser trois élèves ou plus, si c'est nécessaire; ensuite, à mesure qu'il en revient, on en renverra un ou deux autres, à moins que dans certains pays on ait l'habitude d'envoyer tous les élèves se confesser en même temps.

43. Il veillera à ce qu'on observe le silence et la bonne tenue, à ce que personne n'aille de côté et d'autre dans la classe, ne change de place et ne charge celui-ci ou celui-là de commissions ou de billets; à ce qu'on ne sorte pas de classe, surtout deux ou plus encore à la fois.

44. Il veillera à ce que le premier venu n'appelle pas et ne fasse pas sortir de classe facilement des élèves, surtout pendant la prélection; à ce qu'il n'y ait pas de bruit et de confusion à la sortie des classes. Le maître surveillera la sortie, soit du haut de sa chaire, soit en se tenant à la porte. Les plus rapprochés de la porte sortiront les premiers, ou bien, on prendra tout autre moyen pour que tous sortent en silence.

45. Il organisera des académies, si le Recteur le trouve bon, et d'après les règles indiquées. Les élèves se réuniront surtout les jours de fête, pour échapper à l'oisiveté et aux mauvaises habitudes.

46. S'il paraissait nécessaire, dans l'intérêt des élèves, d'avoir, à leur sujet, des entretiens avec leurs parents, il en parlerait au Recteur, ou bien il proposerait de faire venir les parents par l'entremise du Préfet des études, ou de toute autre personne, ou bien encore, il irait les trouver, si l'importance de la personne qu'il doit visiter le demande.

47. Il ne se montrera pas plus familier avec les uns qu'avec les autres; en dehors du temps des classes, il ne parlera que fort peu aux élèves, et toujours de choses sérieuses, dans un lieu découvert, c'est-à-dire non en classe, mais à la porte de la classe, ou dans le préau, ou à la porte du collège pour l'édification de tous.

48. Il ne proposera à personne un précepteur sans consulter le Recteur ; il ne permettra pas que les précepteurs exigent de leurs élèves autre chose que les prélections qu'ils ont entendues en classe.

49. Il ne se servira d'aucun élève pour écrire ou faire quelque chose d'étranger aux exercices ordinaires de la classe ; il ne souffrira pas que les élèves fassent les moindres dépenses pour la classe.

50. Enfin, en toutes choses, le maître, avec la grâce et l'inspiration divines, doit être diligent, assidu, zélé pour activer les progrès de ses élèves, soit dans les matières de la classe, soit dans les autres exercices littéraires. Il ne méprisera personne, il prendra soin des études du pauvre, tout autant que des études du riche, et se préoccupera des progrès de chacun, mais spécialement des Scolastiques qui sont dans sa classe.

RÈGLES DU PROFESSEUR DE RHÉTORIQUE

1. On ne peut facilement préciser quel est le degré de l'enseignement dans cette classe. Elle forme à la parfaite éloquence qui comprend deux facultés importantes : l'art oratoire et l'art poétique. De ces deux facultés, le premier rang appartient à l'art oratoire. On n'y vise pas seulement à l'utile, mais encore à l'élégance, aux ornements du style. On peut en général dire que la rhétorique comprend trois choses :

Les préceptes, le style et l'érudition.

Quoiqu'on puisse observer et trouver partout des préceptes de rhétorique, on n'expliquera cependant dans les prélections de tous les jours que les ouvrages de rhétorique de Cicéron, la rhétorique d'Aristote, et sa poétique, si on le trouve utile.

Cette dernière phrase est ainsi modifiée dans le nouveau ratio :
Quant aux préceptes, outre ceux donnés par Cicéron et Quintilien, on peut encore suivre ceux d'Aristote.

Le style de Cicéron est presque le seul que l'on doive adopter (quoique certains poètes et certains historiens en aient un excellent). Tous les ouvrages de Cicéron sont très propres à former le style, on n'expliquera cependant que les discours où l'on verra mis en pratique les préceptes de l'art oratoire. Enfin, on acquerra l'érudition en étudiant, mais avec modération, l'histoire, les mœurs des nations, les mémoires du temps, toutes espèces de sciences, et l'on se mettra à la portée des élèves.

La métrique grecque et une connaissance plus approfondie des auteurs et des dialectes grecs sont du ressort de la rhétorique. Le maître se dispensera d'expliquer à la fin de l'année de rhétorique un abrégé de la logique.

La fin de l'article est ainsi modifiée dans le nouveau ratio :

Le style de Cicéron est presque le seul qu'il faille adopter (quoique certains historiens et certains poètes célèbres en aient un excellent). Tous les ouvrages de Cicéron sont très propres à former le style, cependant ses discours seront seuls l'objet de prélection pour y montrer, mis en pratique, les préceptes de l'art oratoire. Quant à ce qui regarde la langue française, on prendra les meilleurs auteurs pour former le style. Enfin l'érudition s'acquerra en étudiant l'histoire, les mœurs des nations, les mémoires du temps et toutes espèces de sciences, mais on abordera avec modération ces études, et l'on se mettra à la portée des élèves.

C'est en rhétorique qu'on doit acquérir une connaissance plus approfondie des auteurs et des dialectes grecs.

2. Le temps sera partagé de la manière suivante :

A la première heure de la classe du matin, le maître corrigera les devoirs ramassés par le décurion. Pendant la correction auront lieu différents exercices indiqués plus bas [5e règle] et l'on repassera la prélection de la veille.

Le nouveau ratio a modifié l'emploi de la première heure ainsi qu'il suit :

Le temps sera partagé de la manière suivante :

La première heure de la classe du matin sera consacrée aux exercices de mémoire; le maître corrigera les devoirs ramassés par les décurions; enfin on repassera la prélection faite la veille par le maître, et on procédera à une nouvelle prélection.

La seconde heure de la classe du matin sera consacrée à la

prélection des règles si le soir on doit expliquer un discours, ou bien elle sera consacrée à la prélection d'un discours si le soir on doit expliquer les règles ; la seule condition à observer c'est que l'on conserve constamment le même ordre pendant toute l'année. On répétera ensuite ce qui a été expliqué, et s'il le faut, on dictera un sujet de discours ou de vers ; s'il reste du temps, ou le consacrera à la concertation, ou bien on examinera les exercices écrits de la première heure.

Le nouveau ratio a modifié de la manière suivante cette deuxième heure :
La deuxième heure sera consacrée à la prélection d'un orateur, puis on repassera ce qui a été expliqué et, s'il le faut, on dictera un sujet de composition. Le reste du temps sera occupé par la concertation et ses accessoires [1], à moins qu'en certains pays, on n'ajoute spécialement, matin et soir, une demi-heure pour ces accessoires.

A la classe du soir (première heure), on répétera la dernière prélection et l'on en fera une nouvelle, soit d'un discours, si le matin on s'est occupé des règles, soit des règles, si le matin on s'est occupé d'un discours ; on répétera ensuite suivant l'usage.

Pendant la seconde heure, on répétera la dernière prélection d'auteur grec. On en fera et on en exigera une nouvelle. Le reste du temps sera consacré tantôt à corriger les devoirs grecs, tantôt à la syntaxe grecque, à la métrique, tantôt à une concertation grecque.

Le nouveau ratio modifie ainsi cet article :
A la classe du soir, après avoir répété ce qui a été fait, on consacrera la première heure à la prélection des règles, et l'on expliquera un auteur grec ou un auteur français.
Pendant la seconde heure on expliquera un poète, on corrigera les devoirs qui ont été donnés le matin ou ceux qui restent à corriger, et l'on dictera un sujet de composition.

Pendant les jours de congé, on expliquera un historien ou un poète, ou quelque chose qui se rapporte à l'érudition, et l'on repassera.
Le samedi matin, après une courte répétition de ce qui a été fait pendant toute la semaine, on expliquera, pendant la

1. Les accessoires comprennent l'histoire et la géographie.

première heure, un historien ou un poète ; à la deuxième heure, un élève déclamera, ou l'on fera une prélection, ou l'on ira entendre les humanistes, ou l'on concertera. Le soir, on expliquera un poète ou un historien et l'on repassera du grec ou du français.

Si dans certains pays on ajoute une demi-heure de classe aux deux heures du matin et du soir, on la consacrera à un historien ou à un poète. Dans ce cas, les prélections du samedi seront les mêmes que celles des autres jours, ou bien, on supprimera les prélections, la répétition sera plus complète et l'on concertera.

Ce dernier alinéa est supprimé dans le nouveau ratio.

3. Comme les exercices de mémoire qui ont lieu tous les jours sont nécessaires à un élève de rhétorique, et que les prélections sont trop longues pour qu'on puisse les retenir facilement, le maître décidera ce qu'il faut apprendre, dans quelle mesure, et, s'il l'exige, comment il faut réciter. Bien plus, il serait bon que, suivant l'usage, quelqu'un récitât sur une estrade des morceaux tirés des meilleurs auteurs que l'on aura appris, afin de joindre l'action à l'exercice de la mémoire.

4. En corrigeant un devoir, le maître dira quelles sont les fautes que l'on a faites relativement à la composition du discours ou des vers, à l'élégance et à l'ornement du style, à la liaison des idées, à l'harmonie de la phrase, à l'orthographe, ou à toute autre chose. Il dira si quelque passage est mal traité, obscur, trivial ; si l'on n'a pas observé les convenances ; s'il s'y trouve quelque digression trop longue, et autres choses de même espèce. Enfin, quand chaque élève aura terminé son discours, il réunira les parties séparées qu'il avait apportées auparavant, transcrira le discours en entier, ou du moins le remettra tout corrigé au professeur pour qu'il soit constaté que tous les élèves ont achevé leur devoir.

5. Pendant que le maître corrigera les devoirs écrits, les élèves s'exerceront, par exemple, à imiter un passage d'un poète ou d'un orateur ; à composer une description de jardin, de temple, de tempête et autres choses semblables. On composera une phrase

de plusieurs manières, on traduira un discours grec en latin, ou *vice versa*; on mettra en prose des vers latins ou des vers grecs; on changera le genre d'un vers en un autre genre; on composera des épigrammes, des inscriptions, des épitaphes; on fera des extraits de bons auteurs ou de bons poètes latins, grecs, ou français; on appliquera à certains sujets des figures de rhétorique; on tirera des lieux communs de rhétorique et des topiques des arguments applicables à n'importe quels sujets, et l'on fera d'autres exercices de même espèce.

A la suite de cet article le nouveau ratio ajoute :
Ces exercices pourront avoir lieu tantôt le matin à la place de la correction à haute voix, tantôt le soir, pendant la première heure, ou à tout autre moment, et après avoir pris les instructions du Préfet des Études. Dans tous les cas, on composera une fois par semaine en classe pendant une heure.

6. Il y a deux sortes de prélections : l'une se rapporte à l'art, à la théorie, elle comprend les préceptes; l'autre se rapporte au style, et c'est en cela que consiste l'explication des discours. Pour ces deux prélections on examine deux choses : 1° quels sont les auteurs qu'il faut expliquer; 2° comme on doit les expliquer. Sur le premier point nous nous sommes assez étendus dans la règle 1; Cicéron est le seul dont les discours doivent servir pour les prélections; quant aux préceptes, on peut outre ceux donnés par Cicéron, admettre ceux d'Aristote et de Quintilien. On doit surtout s'attacher à ce qui concerne le discours, et en expliquer les règles pendant presque toute l'année (les règles oratoires ont en effet une très grande importance). Cependant, à la place de ce dernier exercice, dans les pays où c'est l'usage, il n'est pas défendu, vers la fin de l'année, d'expliquer un auteur qui permette de varier et qui donne lieu à plus d'érudition. On pourra quelquefois, pendant l'été, entremêler de quelque prélection de poète les prélections de discours ou de règles.

Cette dernière phrase a été supprimée dans le nouveau ratio.

7. En ce qui concerne l'interprétation des préceptes, elle aura lieu de la manière suivante :

D'abord, on fera parfaitement comprendre le sens du précepte ; si ce sens est obscur et que les grammairiens ne s'accordent pas, on comparera ce qu'ils pensent à cet égard. — En deuxième lieu, on citera les rhéteurs qui sont du même avis et qui donnent la même règle. — En troisième lieu, on donnera les raisons qui militent en faveur de cette règle. — En quatrième lieu, on citera quelques passages célèbres d'orateurs et de poètes où cette règle est observée. — En cinquième lieu, on ajoutera les preuves que l'histoire, la fable ou l'érudition fourniront. — Enfin on montrera comment ces règles peuvent s'appliquer aux sujets que nous traitons, et avec quel choix et quelle parure d'expressions elles doivent être employées.

8. Si l'on explique un discours ou un poème, on exposera d'abord le sens du texte ; s'il est obscur, on appréciera les différentes interprétations qui en ont été données. — En deuxième lieu, on s'attachera à faire ressortir ce qui regarde l'art oratoire en étudiant le morceau au point de vue de l'invention, de la disposition et de l'élocution ; on jugera si l'orateur a bien su s'insinuer dans l'esprit des auditeurs ; s'il parle de manière à convaincre ; de quels lieux communs il tire ses arguments pour persuader, pour embellir son discours, pour toucher ; on jugera si un seul et même passage donne l'exemple de plusieurs préceptes ; comment l'orateur enserre son raisonnement dans des figures de pensées pour qu'on ajoute foi à ce qu'il dit, et comment il entremêle les figures de mots et les figures de pensées. — En troisième lieu on citera des passages où se trouvent le même sujet et les mêmes expressions, on citera aussi des poètes et des orateurs (serait-ce même des orateurs français) qui se sont servis des mêmes préceptes pour persuader ou pour raconter quelque chose de semblable. — En quatrième lieu, on confirmera ce qu'on a dit par les maximes des sages, si le sujet le comporte. — En cinquième lieu, on cherchera ce qui, dans l'histoire, la fable, l'érudition, se rapporte au sujet et l'embellit. — Enfin, on pèsera bien la valeur des mots, leur propriété ; on observera s'ils ornent le discours, s'ils lui donnent de l'harmonie et de la richesse. Le maître n'entreprendra pas de poursuivre toutes ces études à la fois, mais il en fera un choix,

et s'occupera de celles qui lui paraissent le plus opportunes.

9. Au commencement de chaque mois, on dictera le sujet entier d'un discours, ou bien on dictera ce sujet partie par partie. (Il faut que les différentes parties de ce discours soient terminées chaque mois pour que l'ensemble soit complet.) Le maître indiquera rapidement ce qui convient à toutes les parties du discours; les lieux communs de confirmation et d'amplification; les principales figures que l'on peut employer; les lieux communs à imiter dont se sont servis les bons auteurs. Parfois, après avoir montré les beautés d'un auteur, il proposera oralement un sujet que les élèves traiteront en imitant cet auteur.

10. On peut encore donner oralement ou par écrit un sujet de vers à traiter, en l'indiquant sans donner de détails, ou bien en ajoutant une pensée à développer (ce sujet sera court). Ce sera par exemple une épigramme, une ode, une élégie, une lettre que l'on composera en une seule fois; on pourra aussi s'y prendre à plusieurs reprises, et comme pour le discours, faire une pièce de vers en plusieurs parties qui constituent un tout.

11. On procédera de même pour le thème grec et le thème français, si ce n'est que pendant un certain temps, on dictera mot à mot, au moins une fois par semaine, le texte en prose ou en vers.

12. La concertation sera un exercice consistant soit à corriger les fautes qu'un élève aura remarquées dans le discours d'un de ses condisciples; soit en se faisant l'un à l'autre des questions sur des sujets auxquels ils se sont exercés pendant la première heure; soit en reconnaissant ou bien en composant eux-mêmes des figures de rhétorique; soit en montrant ou en appliquant des règles de rhétorique ou des règles relatives aux lettres, à la poésie, à l'histoire; soit en exposant les passages les plus difficiles des auteurs et en en aplanissant les difficultés; soit en faisant des recherches d'érudition; soit en interprétant des hiéroglyphes, des symboles de Pythagore, des apophtegmes, des adages, des emblèmes, des énigmes; soit en déclamant et en faisant toutes choses semblables au gré du maître.

Le nouveau ratio a supprimé les hiéroglyphes.

13. La prélection des orateurs, des historiens et des poètes grecs se bornera aux auteurs anciens et classiques tels que Démosthène, Platon, Thucydide, Homère, Hésiode, Pindare, et autres auteurs de ce genre pourvu qu'ils soient expurgés. On fera exception, à bon droit, pour saint Grégoire de Nazianze, saint Basile et saint Chrysostome.

Pendant le premier semestre, on expliquera des orateurs ou des historiens grecs ; on pourra y entremêler, une fois par semaine, quelques épigrammes ou de courtes pièces de vers.

Pendant le second semestre, on expliquera tour à tour un poète, un orateur, ou un historien ; et dans cette explication on visera à étudier de préférence la propriété des termes, la langue grecque usuelle, tout en ne rejetant pas entièrement ce qui se rapporte à l'érudition et à l'art, c'est pourquoi à chaque prélection on dictera quelques locutions.

Le nouveau ratio supprime la division de la prélection au premier et second semestre et règle, ainsi qu'il suit, la prélection grecque — à partir des mots saint Basile et saint Chrysostome.
On expliquera alternativement des historiens et des poètes grecs. Quoiqu'on ne doive pas rejeter complètement dans l'explication tout ce qui concerne l'érudition et l'art, on s'attachera de préférence à la propriété des termes, et à la langue usuelle, c'est pourquoi on dictera à chaque prélection quelques locutions.

14. Au commencement de l'année, on expliquera, tous les jours alternativement, s'il le faut, la syntaxe et la métrique grecque ; on consacrera peu de temps à la syntaxe et l'on en repassera les principaux chapitres.

Tout cet article est supprimé dans le nouveau ratio.

15. Les jours de congé, on pourra, de temps en temps, faire de l'érudition au sujet d'un historien et d'un poète ; tâcher d'élucider des questions obscures, comme les hiéroglyphes, les emblèmes, ou d'autres choses relatives à la poétique, à l'épigramme, à l'épitaphe, l'ode, l'élégie, l'épopée, la tragédie, le sénat romain, le sénat athénien, l'armée de ces deux nations, l'horticulture, l'habillement, les repas, les triomphes, les sibylles et autres sujets de même genre. On ne s'y appliquera que modérément.

Le nouveau ratio supprime les hiéroglyphes, le sénat romain, le sénat athénien, l'armée de ces deux nations, l'horticulture, les repas, l'habillement, les triomphes, les sibylles, et remplace tous ces détails par un seul mot, l'archéologie.

16. Pendant la dernière demi-heure de la classe du matin, un ou deux élèves, tous les 15 jours, et le samedi, déclameront sur une estrade, en présence des humanistes, ou feront une prélection, ou liront des vers, ou un discours grec, ou bien l'exercice comprendra dans la même séance des vers et un discours.

Le nouveau ratio modifie ainsi cet article :
Tous les quinze jours et le samedi, pendant la dernière demi-heure de la classe du matin, un ou deux élèves, en présence des humanistes, déclameront sur une estrade, ou feront une prélection latine ou *française* ou liront des vers latins.
On voit que la prélection française a été ajoutée au programme et que le discours grec a été supprimé.

17. Presque tous les mois (et ce ne sera qu'avec l'assentiment et l'autorisation du Préfet des études supérieures), on prononcera dans la salle d'acte ou dans la chapelle, un discours important; ou bien on lira des vers latins ou grecs; ou bien il y aura une action déclamatoire sur un sujet où de part et d'autre on exposera ses raisons.

Le nouveau ratio ajoute les vers français aux vers latins et grecs que comporte la séance.

18. On affichera, presque tous les deux mois, sur les murs de la classe, des vers pour célébrer un jour remarquable, tel que celui de la proclamation des magistrats, ou bien, dans une autre occasion, on affichera les meilleurs devoirs des élèves. Bien plus, suivant la coutume du pays, on affichera même quelques compositions assez courtes en prose, telles que : inscriptions à mettre sur des boucliers, sur des temples, des sépulcres, des statues, dans des jardins, quelques descriptions de ville, de port, d'armée; des narrations sur quelque fait de divinité païenne; des paradoxes; on y ajoutera aussi parfois, mais non sans la permission du Recteur, des tableaux répondant à un emblème ou à un sujet proposé.

19. A la place d'un sujet à traiter, le maître pourra proposer, de temps en temps, une courte scène, telle que : une églogue, un dialogue. Les rôles seront distribués en classe, entre les élèves, et l'on représentera, sans aucun appareil théâtral, ce qui aura été le mieux composé.

20. Les Nôtres prendront part aux exercices dont nous avons parlé sur la manière d'enseigner, ainsi qu'à ceux qui sont particuliers et qui consistent dans les répétitions faites non en classe, mais à l'intérieur du collège, en présence du maître, ou de toute autre personne désignée par le Recteur, trois ou quatre fois par semaine, pendant une heure et au moment qui paraîtra le plus commode au Recteur.

On repassera dans ces exercices les prélections grecques ou latines ou françaises ; on corrigera les discours et les vers latins ou grecs ; on exercera, tous les jours, la mémoire en apprenant quelque chose ; on lira beaucoup et avec attention. Rien en effet ne féconde plus l'intelligence que de s'exercer à parler souvent sur une estrade, dans la salle d'acte, dans la chapelle, en classe (exercices auxquels les externes prennent part), de parler même au réfectoire. Enfin, les élèves exposeront, dans un endroit favorable pour être vus de tous, des vers qu'ils auront signés et qui auront été préalablement approuvés par le professeur.

RÈGLES DU PROFESSEUR D'HUMANITÉS

1. L'objet de cette classe, quand on est sorti des classes de grammaire, est de préparer pour ainsi dire le terrain de l'éloquence. Trois conditions sont nécessaires pour atteindre ce but : 1° bien connaître la langue ; 2° avoir une certaine érudition ; et 3° quelques notions des préceptes de rhétorique. Afin d'acquérir la connaissance de la langue latine, connaissance qui consiste surtout dans la propriété et l'abondance des mots, on expliquera, tous les jours, comme orateur, Cicéron exclusivement

dans ses livres qui traitent de la morale (dans le nouveau *ratio* on ne spécifie pas les livres de morale, Cicéron est seul indiqué), et comme historien César, Salluste, Tite-Live, Quinte-Curce et d'autres historiens semblables. Parmi les poètes, on expliquera Virgile (excepté les Églogues) et quatre livres de l'Énéide ; ensuite les odes choisies d'Horace, des élégies, des épigrammes, et d'autres poésies de poètes illustres de l'antiquité, à condition qu'ils soient expurgés de toute obscénité.

Le nouveau ratio ajoute :
(On expliquera de la même manière des orateurs, des historiens et des poètes français.)

On fera un peu d'érudition pour stimuler et récréer de temps en temps l'esprit des élèves, mais non de manière à négliger la langue latine.

Le nouveau ratio ajoute :
On donnera les règles générales de l'élocution et du style, ainsi que les règles particulières des petits genres de composition, tels que les lettres, les narrations, les descriptions en vers et en prose. L'enseignement du grec spécial à cette classe comprendra la métrique et quelques notions des dialectes grecs. On veillera en outre à ce que les élèves comprennent bien les auteurs et puissent écrire quelque chose en grec.

On donnera pendant le second semestre un petit abrégé des préceptes de rhétorique de Cyprien. On expliquera à la même époque les discours les plus faciles de Cicéron en passant sous silence *ceux qui sont philosophiques*, tels que les discours pour la loi Manilia, pour le poète Archia, pour Marcellus, et ceux qui ont été prononcés devant César. On s'occupera encore de la partie de la langue grecque que l'on appelle syntaxe. On veillera à ce que les élèves comprennent passablement les auteurs grecs et puissent même écrire en grec.

2. On partagera le temps de la manière suivante : pendant la première heure de la classe du matin, les décurions feront réciter Cicéron et la métrique ; le professeur corrigera les copies que lui remettent les décurions, et fera faire aux élèves pendant ce temps différents exercices indiqués plus bas,

règle IV. Enfin quelques élèves réciteront leurs leçons à haute voix et le maître prendra connaissance des notes données par les décurions.

Pendant la deuxième heure de la classe du matin, on répétera rapidement la dernière prélection; on en fera une nouvelle pendant une demi-heure ou un peu plus, on l'exigera, et s'il reste du temps, on fera concerter les élèves entre eux.

Pendant la dernière demi-heure, au commencement du premier semestre, on s'occupera alternativement de la métrique et de l'explication d'un historien. Quand la métrique sera terminée, on parcourra tous les jours un historien.

Pendant le second semestre, tantôt on expliquera, tantôt on repassera la rhétorique de Cyprien, tantôt on disputera.

Pendant la première heure de la classe du soir, on récitera un poète et un auteur grec; le maître examinera les notes données par les décurions, il corrigera les devoirs qui ont été donnés le matin, ou ceux apportés de chez lui et qui restent à corriger; en dernier lieu il dictera un thème.

Les six quarts d'heure qui restent seront consacrés soit à repasser, soit à expliquer un poète, et à partager également le temps entre une prélection et une composition en grec.

Le nouveau ratio modifie l'emploi du temps de la manière suivante :
Le matin, les décurions feront réciter pendant les trois premiers quarts d'heure les règles et un auteur latin; le maître vérifiera les devoirs ramassés et les notes données par les décurions, puis on expliquera quelques-unes des règles qui ont été récitées. Pendant la demi-heure suivante on corrigera à *haute voix* les devoirs.

On emploiera trois quarts d'heure à répéter la dernière prélection et à en expliquer une nouvelle.

On consacrera une dernière demi-heure aux accessoires ou à la concertation.

A la classe du soir, la première heure sera consacrée à la récitation des règles et à celle d'un auteur latin; la plupart du temps ce sera un poète. Pendant ce temps, le maître vérifiera les notes des décurions et corrigera les devoirs donnés le matin, ou ceux qu'il a apportés de chez lui et qui restent à corriger; on terminera en expliquant et en répétant les règles.

Pendant la seconde heure, on expliquera et on repassera alternativement un poète latin et un auteur français ou grec; ensuite on dictera un thème.

La dernière demi-heure sera consacrée à la concertation ou aux accessoires.

Les jours de congé, on récitera pendant la première heure la prélection du jour de congé précédent, et l'on corrigera comme d'habitude les devoirs qui restent à corriger. Pendant la seconde heure, on expliquera des épigrammes, des odes, des élégies ou quelques parties du troisième livre de Cyprien sur les tropes, les figures, et principalement sur le nombre et le rythme oratoire, et pour que les élèves s'y habituent dès le commencement de l'année, on développera quelque *chrie*, quelque *progymnasma* (exercice préparatoire), on repassera et enfin on concertera.

Le samedi, à la première heure de la classe du matin, on récitera à haute voix les prélections de toute la semaine. De neuf à dix heures on les repassera; de dix heures à dix heures et demie un élève déclamera, ou il y aura prélection, ou bien on ira entendre les rhétoriciens, ou bien on concertera. La première demi-heure de la classe du soir sera consacrée à la récitation d'un poète, ou du catéchisme. Le maître examinera les copies qui sont restées en retard et prendra connaissance des notes données par les décurions.

Les six quarts d'heure suivants seront consacrés au grec et partagés en parties égales pour repasser un poète, et expliquer quelque petit poème.

Pendant la dernière demi-heure on expliquera le catéchisme, ou bien on fera une exhortation pieuse, à moins qu'elle n'ait eu lieu le vendredi. Dans ce cas on continuera ce qui devait être remplacé par le catéchisme.

3. Dans la correction des devoirs, le professeur indiquera si l'élève a péché en ce qui concerne la propriété des termes, l'élégance et l'harmonie de la phrase; s'il a mal imité le passage d'un auteur; s'il a fait des fautes d'orthographe ou de toute autre sorte; on fera exprimer une même pensée de différentes manières, pour acquérir, grâce à cet exercice, une grande facilité d'élocution.

4. Pendant que le maître corrigera les devoirs écrits, les exercices que l'on fera auront pour objet, par exemple, d'extraire certaines phrases des prélections qui ont été faites, et de les tourner de différentes manières. On recomposera, après l'avoir

démombrée, une période de Cicéron, on fera des vers, on tournera un genre de vers en un autre genre, on imitera un passage d'un auteur et l'on fera toutes autres choses semblables.

Le nouveau ratio ajoute : on écrira en grec ou en français et l'on fera d'autres exercices du même genre. Ces exercices pourront avoir lieu tous les deux jours, le matin, à la place de la correction à haute voix, ou le soir, à la seconde heure de la classe, ou bien au moment qui paraîtra le plus favorable, après avoir pris l'avis du Préfet. On composera pendant une heure en classe, au moins une fois par semaine.

5. De temps en temps on donnera à une prélection quelques légers ornements d'érudition tout autant que le passage à expliquer le comportera. Mais le maître insistera de préférence sur les observations concernant le latin et le français, sur la force et l'étymologie des mots, au sujet desquels il fera des recherches dans les bons auteurs et surtout dans les auteurs anciens. Il insistera sur les expressions usitées, sur leur variété, sur l'imitation d'un auteur; sur la comparaison de ce qui caractérise les deux langues latine et française; il ne regardera pas comme étant étranger à son devoir de s'exprimer parfois en français pour expliquer quelque chose, s'il en reconnaît l'utilité ou s'il trouve que cette langue lui sert mieux que toute autre pour s'exprimer. Quand il expliquera un discours, il montrera les préceptes qui y sont appliqués. Enfin, il pourra, s'il le trouve bon, le traduire entièrement en français mais avec le plus d'élégance possible.

6. Pendant le premier semestre, le sujet de devoir sera dicté mot à mot, en forme de lettre et en français; on le composera de manière qu'il soit tiré presque en entier des prélections qui ont eu lieu, et qu'il soit, autant que possible, une imitation d'un auteur. Une fois par semaine, les élèves, après qu'on leur aura expliqué un genre de lettres et qu'on leur aura indiqué celles de Cicéron, de Pline qui se rapportent au sujet qu'ils ont à traiter, les élèves, dis-je, en écriront une ou deux, dans le même genre.

Pendant le second semestre, on stimulera l'intelligence des élèves en leur faisant composer des chries, des exordes, des narrations, des amplifications faciles dont on leur aura donné et expliqué le sujet.

On dictera en latin un sujet de vers. On suivra pour le thème grec la même méthode que pour la prose latine, si ce n'est qu'on tirera le thème de l'auteur grec même dont on reproduira les expressions, et l'on rendra compte des règles de la syntaxe qui auront été observées.

Cet article a été ainsi modifié dans le nouveau ratio :
Il sera fort utile de dicter un sujet de devoir d'après les règles propres à la classe, et de le composer de telle manière qu'il soit un extrait des prélections et qu'il serve autant que possible à l'imitation des auteurs.
On le dictera mot à mot, en français et à la portée des élèves; ou bien, on donnera un sujet facile que les élèves développeront et traiteront d'eux-mêmes.
On dictera aussi en latin un sujet de vers.
On suivra pour le thème grec la même méthode que pour le latin, si ce n'est qu'il sera tiré de l'auteur même d'où vient le texte et qu'on devra rendre compte de la syntaxe.
Pour se former mieux au style français et à la langue française, on donnera en français les différents sujets de devoirs.

7. La concertation est un exercice littéraire où un élève fait à un de ses condisciples soit des questions, des observations, des corrections sur son devoir, ou sur les matières qui ont été vues pendant la première heure; elle consiste encore soit à répéter de mémoire certaines phrases du professeur, à en changer les expressions; soit à exposer les règles de l'art épistolaire, de la rhétorique, et à en faire l'application; soit à rechercher la quantité des syllabes, ce qui est l'objet de la métrique, et à en réciter les règles par cœur; soit à citer un exemple tiré d'un poète, à chercher la propriété et l'étymologie d'un mot; soit à interpréter un passage d'un auteur grec, latin, ou français; soit à réciter et à former quelques verbes grecs contractes et irréguliers; soit à faire toute autre chose semblable indiquée par le professeur.

8. On repassera rapidement la métrique, en s'attachant seulement à ce qui paraîtra le plus utile, et en s'y exerçant plutôt qu'en l'expliquant. On éclaircira rapidement plutôt l'esprit des préceptes que le texte de la rhétorique de Cyprien; on donnera

quelques exemples tirés de cet ouvrage, et si le sujet le comporte, on citera aussi des exemples tirés des prélections que l'on fait tous les jours.

Cet article est le même dans l'ancien et le nouveau ratio, seulement le nouveau supprime Cyprien comme auteur obligé de rhétorique et laisse par conséquent au professeur la liberté de prendre une rhétorique à son choix.

9. La prélection grecque consistera à expliquer, un jour la grammaire, et l'autre jour un auteur grec. Quant à la grammaire, on reviendra rapidement sur ce qui a été vu dans la classe précédente, et l'on continuera la syntaxe et l'accentuation.

Le nouveau ratio modifie cette phrase de la manière suivante :
Dans la prélection grecque on expliquera, un jour les règles de la langue et l'autre jour un auteur. Quant aux règles, on reviendra sur ce qui a été déjà enseigné dans les classes précédentes et l'on expliquera la métrique et les différents dialectes.

L'auteur à expliquer pendant le premier semestre, sera choisi parmi les prosateurs les plus faciles : ce sera, par exemple, quelque discours d'Isocrate, de saint Chrysostome, de saint Basile, des lettres de Platon, de Synésius, quelques extraits de Plutarque.

Pendant le second semestre, on expliquera des poètes, par exemple : Phocylide, Théognis, saint Grégoire de Nazianze, Synésius et autres auteurs semblables.

Les seules modifications apportées par le nouveau ratio à ce que comprend cet alinéa ne portent que sur la suppression de premier et second semestre, et sur Homère ajouté comme poète à expliquer.

Quant à l'explication, on insistera, ainsi que l'indique du reste le degré d'enseignement à donner dans cette classe, beaucoup plus sur la connaissance de la langue que sur l'érudition.

Vers la fin de l'année, on pourra, alternativement, faire de la métrique grecque et expliquer un auteur. On pourra encore, de temps en temps, donner des vers à retourner.

10. Presque tous les deux mois, on affichera sur les murs de la classe, pour célébrer un jour remarquable, ou pour

la proclamation des magistrats, ou pour toute autre circonstance remarquable, les meilleurs vers composés par les élèves.
Bien plus, suivant l'usage du pays, on pourra encore afficher
de courtes compositions en prose, telles que : inscriptions à
mettre sur des boucliers, sur les temples, les tombeaux, les
statues; des descriptions de villes, de port, d'armée; des
récits de quelque fait accompli par une divinité païenne,
des paradoxes. On y ajoutera, mais avec l'autorisation du
Recteur, des tableaux répondant à un emblème ou à un sujet
proposé.

RÈGLES DU PROFESSEUR DE LA PLUS HAUTE CLASSE
DE GRAMMAIRE

1. L'objet de cette classe est d'achever l'étude de la grammaire,
de façon à en donner une connaissance parfaite. On repassera la
syntaxe du commencement jusqu'à la fin, afin d'y ajouter tous
les appendices qui s'y rattachent; ensuite le professeur expliquera les figures de grammaire et la métrique. En grec, il
expliquera les huit parties du discours, et tout ce que contient
la grammaire sous le nom de rudiments, excepté les dialectes,
ainsi que les appendices et les exceptions les plus difficiles.
Quant à ce qui se rapporte aux auteurs, on pourra expliquer
pendant le premier semestre, en ce qui concerne les orateurs,
les lettres les plus importantes de Cicéron à ses amis, à Atticus,
à son frère Quintus.

Pendant le second semestre, on expliquera le traité de
l'amitié, de la vieillesse, les paradoxes et autres ouvrages de
cette nature.

En ce qui concerne les poètes, on expliquera, pendant le
premier semestre, quelques élégies ou quelques épîtres expurgées d'Ovide. Pendant le second semestre, on expliquera un
choix d'églogues expurgées de Catulle, de Tibulle, Properce
et Virgile; ou bien, les livres les plus faciles du même Virgile,

tels que le quatrième livre des Géorgiques, le cinquième et le septième de l'Énéide. — Pour les auteurs grecs, on expliquera saint Jean Chrysostome, Esope, Agapet et autres poètes semblables.

Cet article, tout en étant le même quant au fond dans l'ancien et le nouveau ratio, renferme cependant certaines modifications qui rendent l'allure de l'enseignement plus large et plus libre dans le nouveau ratio, les voici :

L'objet de cette classe est l'étude complète de la grammaire; ainsi on repassera la syntaxe, du commencement jusqu'à la fin, en y ajoutant toutes les exceptions et les idiotismes. Ensuite, on expliquera la construction figurée et la métrique. Relativement au grec, on repassera la syntaxe en exceptant les dialectes et les idiotismes difficiles. Comme explications d'auteurs, on pourra prendre les lettres les plus importantes de Cicéron, ses traités de l'amitié, de la vieillesse et autres œuvres de ce genre, ou même, dans les contrées où l'usage a prévalu, ses discours les plus faciles.

On expliquera aussi Salluste, Q. Curce et des extraits de Tite-Live. Comme poètes, on choisira quelques lettres et quelques élégies expurgées d'Ovide, quelques-unes de ses lettres; des extraits expurgés de Catulle, de Tibulle, de Properce; des églogues de Virgile, les livres les plus faciles du même poète, tels que le quatrième livre des Géorgiques, le cinquième et le septième de l'Énéide. En grec, on expliquera saint Chrysostome, Xénophon, et autres auteurs de ce genre. On donnera également quelques notions de mythologie (à moins qu'on ne l'ait fait dans la classe moyenne de grammaire).

2. On partagera le temps de la manière suivante :

Pendant la première heure de la classe du matin, les décurions feront réciter Cicéron et la grammaire; ils ramasseront les copies, le maître les corrigera, et pendant ce temps, les élèves feront divers exercices indiqués plus bas, règle IV.

De neuf à dix heures, on répétera rapidement la dernière prélection de Cicéron, on en expliquera et on en exigera une nouvelle, et l'on finira par dicter un thème.

De dix heures à dix heures et demie on répétera la prélection de grammaire, on en fera et on en exigera une nouvelle, et de temps en temps, on mêlera à cet exercice une concertation.

Pendant le premier semestre, on reviendra sur les règles de construction données dans la classe inférieure, on expliquera *ex professo* tout ce qui est spécial à cette partie de la grammaire. Tous les deux jours, on expliquera les règles générales de la métrique, en supprimant les exceptions.

Pendant le second semestre, on repassera, pendant deux mois au moins, la partie de la grammaire spéciale à la première classe de grammaire, et tous les deux jours, on repassera la métrique, en parcourant rapidement les règles déjà expliquées, et en insistant sur les autres, autant qu'il est nécessaire. Quand on aura fini de repasser la grammaire, on expliquera tous les jours la métrique, en y ajoutant les exceptions, les différents genres de vers, et l'accentuation.

Pendant la première demi-heure de la classe du soir, on récitera un poète ou un prosateur grec. Le maître examinera les notes des décurions; il corrigera les devoirs donnés le matin ou ceux qui restent à corriger.

Les six quarts d'heure qui suivent seront consacrés soit à repasser, soit à expliquer un poète, ainsi qu'à expliquer et à écrire en grec; on consacrera au grec un peu plus d'une demi-heure.

La dernière demi-heure, ou ce qui restera de temps sera consacré à une concertation.

Le samedi matin, on récitera à haute voix tout ce qui a été appris pendant la semaine, ou bien on récitera un livre entier. De neuf à dix heures on repassera, et de dix heures à dix heures et demie on concertera ou on déclamera. Mêmes dispositions pour la classe du soir, si ce n'est que ce sera le catéchisme qui sera récité pendant la première heure.

La dernière demi-heure sera consacrée à l'explication du catéchisme, ou à une exhortation pieuse à moins qu'elle n'ait eu lieu le vendredi. Dans ce cas, on continuera ce que le catéchisme devait remplacer.

Le nouveau ratio a modifié ainsi l'article 2 :
On partagera le temps de la manière suivante :
Pendant les trois premiers quarts d'heure de la classe du matin, on récitera aux décurions un auteur latin et la grammaire, soit latine, soit grecque; les décurions ramasseront les copies, et le maître examinera les notes qu'ils ont données. Ensuite on expliquera quelques règles grammaticales propres à la classe.
Pendant la demi-heure suivante, on corrigera, à haute voix, les devoirs. Ensuite, pendant trois quarts d'heure, on répétera la dernière prélection d'auteur; ou en expliquera et on en exigera une

nouvelle. La dernière demi-heure sera consacrée au français et aux accessoires.

Pendant la première heure de la classe du soir, on récitera alternativement un jour la grammaire et la métrique, le lendemain un auteur latin et le plus souvent un poète. Pendant ce temps, le maître examinera les notes données par les décurions et il corrigera les devoirs de la matinée, ou ceux qui restent à corriger; en dernier lieu, on expliquera et on répétera la grammaire ou la métrique.

Pendant la seconde heure, on expliquera et on repassera, un jour, un poète latin, et le lendemain un auteur grec, ensuite on dictera un thème.

La dernière demi-heure sera consacrée à la concertation ou au français ou aux accessoires.

3. Dans la correction des copies le maître notera les fautes de grammaire, d'orthographe et de ponctuation. Il indiquera les difficultés qui n'ont pas été résolues et marquera les fautes d'élégance ou d'imitation.

4. Pendant que le maître corrigera les copies, les élèves s'exerceront à traduire en latin une dictée française, soit en imitant un auteur latin, soit en s'attachant à appliquer les règles de la syntaxe; soit à traduire en français un morceau de Cicéron; soit à reproduire cette traduction en latin, à en extraire les phrases élégantes; soit à proposer à des rivaux de résoudre des questions douteuses d'après les règles grammaticales récemment expliquées; soit à critiquer certaines locutions, soit à retourner des vers, à écrire en grec et à faire toutes autres choses de ce genre.

Le nouveau ratio a ajouté ce qui suit :
Ces exercices pourront avoir lieu tous les deux jours, le matin, à la place d'une correction à haute voix, ou bien le soir, pendant la seconde heure de la classe, ou à tout autre moment, et d'après les instructions du Préfet. Mais une fois par semaine, au moins, on composera en classe pendant une heure entière.

5. La prélection se fera de la manière suivante : d'abord, le professeur résumera le sujet tantôt en latin, tantôt en français. Ensuite, il interprétera chaque période, et fera succéder l'explication en français à l'explication en latin. En troisième lieu, revenant au commencement du texte, il y prendra deux ou trois expressions dont il montrera la force et l'étymologie, et il les comparera avec le français (à moins qu'il ne préfère joindre cette

étude à l'explication même); il confirmera ce qu'il vient de dire par un ou deux exemples tirés du même auteur.

Il cherchera, sans s'y arrêter longtemps, et montrera les métaphores qui s'y trouvent; il dégagera la fable de l'histoire vraie; il fera de l'érudition s'il y a lieu, et extraira du texte deux ou trois phrases les plus élégantes. En dernier lieu, il traduira l'auteur en bon français. Il pourra dicter très rapidement un sujet latin avec ses observations, quelques expressions propres au sujet et même des phrases.

6. On dictera mot à mot, en français, les sujets de devoirs écrits qui seront composés en forme de lettres, et qui se rapporteront aux règles de la syntaxe et à l'imitation de Cicéron.

Une fois par mois, chez eux ou en classe, à l'occasion de l'élection des magistrats et à la place du devoir écrit qu'ils doivent remettre tous les jours, les élèves, dès qu'ils auront fait quelques progrès, feront d'eux-mêmes une composition. On leur expliquera d'avance un genre de lettre, on leur indiquera même quelques lettres de Cicéron qui s'y rapportent, et le maître leur en dictera quelques exemples.

Le nouveau ratio a modifié ainsi cet article :

On dictera mot à mot, et en français, un sujet que l'on traitera en forme de lettre, de narration ou de description. Il se rapportera aux règles de la syntaxe et l'on s'efforcera d'imiter les bons auteurs.

On dictera de même un sujet tiré d'un auteur classique latin dont on exposera les idées en français. Presque tous les mois, au lieu du devoir ordinaire de tous les jours, et lorsqu'on nommera les magistrats, les élèves, dès qu'ils auront fait quelques progrès, feront d'eux-mêmes, chez eux ou en classe, une composition. On les y préparera en expliquant quelques lettres, quelques narrations ou descriptions, ou bien, en indiquant des passages de Cicéron ou d'auteurs qui se rapportent à ces sujets, et en dictant quelques exemples du même genre.

7. Quant aux vers, on pourra commencer par en dicter où l'ordre des mots est changé et qu'on n'aura qu'à retourner, puis on en dictera d'autres où les mots sont à changer, enfin, on dictera un sujet très facile à traiter.

8. On suivra pour le thème grec la même méthode que pour la prose latine, si ce n'est que c'est de l'auteur même que l'on tirera le thème, et que l'on démontrera les règles de syntaxe.

9. La prélection du grec qui ne dépassera pas un quart d'heure, se fera de la même manière que la prélection du latin, si ce n'est que pour le grec (on pourra l'expliquer tous les deux jours, avec la grammaire, à l'époque fixée par le Préfet); l'explication se fera mot à mot, en indiquant, si on le juge utile, les règles les plus faciles de la syntaxe.

10. La concertation ou l'exercice littéraire consistera soit à montrer les fautes qu'un condisciple a trouvées dans la copie d'un autre condisciple, soit à proposer des questions sur lesquelles ils se sont exercés pendant la première heure; soit à réciter de mémoire certaines phrases du professeur; soit à traduire en latin des locutions françaises d'après les règles de la syntaxe, ou en imitant Cicéron, ou bien à tourner ces locutions de différentes manières (et l'on doit faire en sorte que celui qui est interrogé répète la locution proposée dans les mêmes termes, et qu'après avoir un peu réfléchi, il traduise cette locution non mot par mot, mais sans interruption et tout entière); la concertation consistera encore soit à réciter les règles de l'art épistolaire; soit à faire de la métrique en rappelant de mémoire une règle ou un exemple tiré d'un poète; soit à rechercher la propriété ou l'étymologie d'un mot; soit à expliquer un passage d'un auteur grec ou latin; soit à conjuguer et à former des verbes grecs, à décliner des noms et à faire d'autres choses de ce genre, au gré du professeur.

RÈGLES DU PROFESSEUR DE LA CLASSE MOYENNE DE GRAMMAIRE

1. L'objet de cette classe est de connaître toute la grammaire latine sans en avoir cependant une connaissance aussi complète que dans la classe supérieure. Le professeur l'expliquera à partir du commencement du second livre jusqu'à la construction des figures, en y ajoutant les appendices les plus faciles; soit d'après la méthode de Rome, à partir de la construction ordinaire des

mots, jusqu'à la construction des figures, en y ajoutant les appendices les plus faciles. En ce qui concerne la grammaire grecque, on étudiera les noms et les verbes contractes, les verbes en *mi*, et les formations les plus faciles.

Les prélections comprendront les lettres de Cicéron à ses amis, et les poésies d'Ovide les plus faciles.

Pendant le second semestre, si le Préfet l'approuve, on expliquera le catéchisme grec ou le tableau de Cébès.

Le nouveau ratio modifie ainsi cet article :
L'objet de cette classe est de connaître toute la grammaire sans en avoir cependant une aussi complète connaissance que dans la classe supérieure. Le professeur expliquera principalement les genres, les déclinaisons de noms, les prétérits et les supins des verbes, à moins qu'ils n'aient été expliqués dans la classe inférieure : il suffira alors de les repasser. On consacrera à la syntaxe le reste du temps.

Quant à la grammaire grecque, on verra les noms et les verbes contractes, les verbes en *mi*, les formations les plus faciles, et une courte introduction à la syntaxe. Comme *prélections latines*, on expliquera des lettres, choisies de Cicéron, des narrations, des descriptions, et d'autres morceaux de ce genre pris dans le même auteur; on pourra aussi faire choix des commentaires de César, des poésies les plus faciles d'Ovide. En fait d'auteurs grecs, on expliquera les fables d'Esope, le tableau de Cébès ainsi qu'un choix de dialogues expurgés de Lucien.

2. On partagera le temps de la manière suivante :
Pendant la première heure de la classe du matin, les décurions feront réciter Cicéron et la grammaire; ils remettront les copies au maître qui les corrigera, et, pendant ce temps, les élèves feront divers exercices indiqués plus bas, règle 4.

Le nouveau ratio modifie ainsi cet article :
Le partage du temps se fera de la manière suivante :
Pendant les trois premiers quarts d'heure de la classe du matin, les décurions feront réciter un auteur latin et la grammaire latine ou grecque; ils ramasseront les copies et donneront leurs notes au professeur qui les examinera; ensuite on expliquera quelques règles grammaticales se rapportant particulièrement à la classe.

De 9 heures à 10, on repassera rapidement la dernière prélection de Cicéron, ou l'on en fera une nouvelle pendant une demi-heure et l'on dictera un thème.

Pendant la dernière demi-heure on repassera quelque chose du premier livre de la grammaire, comme, par exemple, les déclinaisons des noms, les prétérits, les supins ; on pourra également s'exercer à tout cela dans une concertation.

Le nouveau ratio modifie ainsi ces deux dernières phrases :
De huit heures trois quarts à neuf heures un quart, on corrigera les devoirs à haute voix.
De neuf heures un quart à dix heures, on répétera la prélection de l'auteur latin, on en fera une nouvelle.
La dernière demi-heure sera consacrée au français et à ses accessoires (histoire et géographie).

Pendant la première heure de la classe du soir, on récitera soit la grammaire latine, soit la grammaire grecque, ainsi qu'un poète à des jours fixés. Pendant ce temps, le maître prendra connaissance des notes remises par les décurions, il corrigera les devoirs donnés le matin, ou bien ceux qui restent à corriger et qu'il a apportés de chez lui ; enfin, on repassera alternativement la dernière prélection de grammaire et de poésie.

Pendant la seconde heure de la classe du soir, on expliquera pendant une demi-heure, et l'on répétera la syntaxe.

Néanmoins, pendant le second semestre, à la classe du soir, on consacrera une demi-heure à expliquer la syntaxe et un poète toujours alternativement ; pendant l'autre demi-heure on fera du grec. La dernière demi-heure sera consacrée à la concertation ou à un exercice littéraire.

Modification du nouveau ratio à cet article :
Les décurions feront réciter, pendant la première heure de la classe du soir, la grammaire et un auteur latin qui sera le plus souvent un poète. Le maître examinera les notes des décurions, et corrigera les devoirs donnés le matin, ou ceux qui restent à corriger. En dernier lieu, on expliquera et on répétera la grammaire. La seconde heure sera consacrée alternativement à l'explication d'un poète latin et d'un auteur grec. Enfin on dictera un thème.
Pendant la dernière demi-heure, on étudiera la langue française ou l'on concertera et l'on fera de l'histoire et de la géographie.

Le samedi matin, pendant la première heure, on récitera à haute voix les prélections de la semaine, ou bien celles d'un livre entier.

De neuf à dix heures, on repassera, et de dix heures à dix heures et demie, on concertera ou l'on déclamera.

Il en sera de même à la classe du soir, si ce n'est qu'on récitera pendant la première heure le catéchisme en même temps que la grammaire et un poëte.

La dernière demi-heure sera consacrée à l'explication du catéchisme ou quelquefois à une pieuse exhortation, à moins que cette dernière n'ait eu lieu le vendredi ; dans ce cas on continuera ce que le catéchisme devait remplacer.

3. Dans la correction des devoirs, le maître marquera les fautes de grammaire, d'orthographe et de ponctuation, et les difficultés qui n'ont pas été résolues. Il détaillera tout ce qui se rapporte aux règles de la grammaire. Il fera repasser, si l'occasion se présente, les conjugaisons et les rudiments.

4. Pendant qu'il corrigera les copies, les élèves s'exerceront en classe, soit à traduire une dictée française en latin, en imitant un auteur, et en se conformant aux règles de la syntaxe ; ou bien à traduire en français un morceau de Cicéron et à retraduire ce français en latin, d'après les règles de la grammaire dernièrement expliquées ; ou bien à discuter avec des condisciples certaines difficultés et certaines expressions douteuses ; ou bien à mettre sous un mot grec sa traduction en français et à faire d'autres choses semblables.

Le nouveau ratio ajoute :
Ces exercices pourront avoir lieu tous les deux jours, le matin, à la place de la correction des devoirs, ou l'après-midi, pendant la deuxième heure, ou à tout autre moment suivant les instructions du Préfet, mais une fois au moins par semaine, on composera en classe pendant une heure entière.

5. En répétant une prélection, le professeur saisira de temps en temps l'occasion d'exercer ses élèves sur les déclinaisons et les conjugaisons les plus difficiles, et il exigera par tous les moyens que l'on s'applique à la grammaire.

6. Les prélections de Cicéron ne dépasseront pas sept lignes et se feront de la manière suivante :

Au lieu de Cicéron le nouveau ratio dit : Les prélections des auteurs.

1° Le maître lira tout le passage à expliquer et résumera le plus rapidement possible le sujet en français; 2° il expliquera chaque période mot à mot en français; 3° il reviendra au commencement du texte, en montrera la construction, puis analysant chaque période, il montrera les cas régis par les verbes, et examinera tout conformément aux règles de la grammaire qui ont été expliquées. Il fera sur le latin une ou deux observations très faciles, il montrera ce que c'est que la métaphore et donnera des exemples de choses connues, enfin il choisira dans le passage expliqué une ou deux phrases qu'il dictera en y joignant la raison des règles qui y sont observées; 4° il donnera le bon français du morceau expliqué.

7. Il dictera en français, et mot à mot, un thème à traduire en latin qui sera bien clair, ne contiendra pas plus de sept lignes et se rapportera aux règles de la syntaxe et à l'imitation de Cicéron (des auteurs). De temps en temps, les élèves feront une courte version de Cicéron (d'un auteur), ils écriront un temps ou un nom grec.

8. La prélection de la grammaire ne contiendra sur chaque règle que quelque court appendice ou quelque courte exception.

9. En faisant du grec, on suivra la même méthode; il est d'usage d'énoncer en français les cas et les personnes et de donner en français toutes les explications.

10. La concertation ou l'exercice littéraire consistera : soit à montrer les fautes qu'un élève aura remarquées dans la copie d'un condisciple; soit à proposer les questions sur lesquelles on se sera exercé pendant la première heure; soit à répéter ce qu'a dit le professeur; soit à traduire en latin d'après les règles de la syntaxe et en imitant Cicéron, certaines expressions françaises (on doit faire en sorte que celui qui est interrogé répète l'expression que l'on se propose de traduire, dans les mêmes termes, et qu'après une courte réflexion, il la traduise en latin non mot pour mot, mais tout entière et sans interruption); soit à décliner des noms, à conjuguer des verbes, offrant tous les deux des difficultés en raison des cas, des temps irréguliers d'origine ou par suite de l'adjonction d'un adjectif, d'un substantif et d'un

pronom ; soit à former rapidement des prétérits, des supins ; soit à faire du grec et autres choses de ce genre, au gré du professeur.

Le nouveau ratio, à la place de Cicéron, met : des auteurs.

RÈGLES DU PROFESSEUR DE LA DERNIÈRE CLASSE DE GRAMMAIRE.

1. L'objet de cette classe est d'achever les rudiments et de commencer la syntaxe. On commence à partir des déclinaisons et l'on va jusqu'aux conjugaisons des verbes. Là où il y aura deux divisions, on fera apprendre à la division inférieure, dans le livre premier, les noms, les verbes, les rudiments, les 14 règles de la construction, les genres des noms. A la division supérieure on fera apprendre dans le livre premier, ce qui concerne la déclinaison des noms sans les appendices, les prétérits et les supins. Dans le livre second, on apprendra l'introduction à la syntaxe sans les appendices, jusqu'aux verbes impersonnels.

Pour le grec, la division inférieure apprendra à le lire et à l'écrire ; la division supérieure apprendra les noms simples, le verbe substantif et le verbe *luo*.

Pour les prélections, on ne donnera que des lettres très faciles choisies pour la classe et, s'il est possible, tirées de Cicéron.

Cet article est ainsi modifié dans le nouveau ratio :
L'objet de cette classe est de connaître parfaitement les rudiments. Le professeur commencera par la déclinaison des noms et la conjugaison des verbes ; il continuera en enseignant les règles générales et ordinaires de la syntaxe auxquelles on peut ajouter quelques idiotismes faciles. C'est le Préfet qui répartira l'enseignement de ces règles à chaque division. Pour le grec, la division inférieure apprendra à le lire et à l'écrire ; la division supérieure apprendra les noms simples, le verbe substantif et le verbe *luo*. Comme prélections, on prendra quelques extraits faciles, et, si c'est possible, tirés de Cicéron, ou bien les fables d'Esope et les vies de Cornelius Nepos.

2. On partagera le temps de la manière suivante :

Pendant la première heure de la classe du matin, les décurions feront réciter Cicéron et la grammaire; ils ramasseront les copies, le maître les corrigera. Pendant ce temps, les élèves feront divers exercices indiqués plus bas, règle 4.

De neuf à dix heures, on répétera rapidement la dernière prélection de Cicéron; on en fera une nouvelle pendant une demi-heure et l'on dictera un thème.

De dix heures à dix heures et demie, on fera aux deux divisions, et suivant ce qui a été fixé pour chacune d'elles, une explication de grammaire sur une partie du premier livre; ou bien, chaque division repassera la grammaire tous les deux jours; ou bien les deux divisions la repasseront tous les jours. Ensuite, des interrogations sur tout ce qui a été dit, seront faites par le maître ou par les élèves entre eux, au moyen de la concertation. Les jours où l'on ne donnera pas à apprendre à la classe du soir une nouvelle règle de construction (et chacune des règles doit être apprise pendant plusieurs jours), on fera une prélection qui remplacera celle qui doit être donnée à la classe du soir. La dernière demi-heure de la classe du matin pourra être également consacrée tout entière à la concertation, ou à un exercice littéraire.

Pendant la première heure de la classe du soir, les décurions feront réciter les grammaires latine et grecque, le maître prendra connaissance des notes données par les décurions, il corrigera tout au plus pendant une demi-heure le devoir donné le matin, ainsi que les copies restées en retard; enfin on repassera la dernière prélection de grammaire.

Pendant la seconde heure, on expliquera à la division supérieure la syntaxe, et à la division inférieure les rudiments sur les genres des noms; ensuite, on expliquera les quatorze règles; on consacrera au grec un peu plus d'un quart d'heure.

Pendant la dernière demi-heure, on concertera ou l'on corrigera une dictée d'après les règles de la grammaire.

Le samedi matin, pendant la première heure, on récitera à haute voix les prélections de la semaine; la seconde heure sera consacrée, une partie à repasser, et une autre à concerter ou à déclamer. On suivra le même ordre à la classe du soir, si ce n'est que pendant la première heure on récitera le catéchisme et la grammaire; pendant la dernière demi-heure, on expliquera le catéchisme ou l'on fera une pieuse exhortation, à moins qu'elle n'ait eu lieu le vendredi; dans ce cas, on continuera ce que le catéchisme devait remplacer.

Le nouveau ratio modifie l'emploi du temps ainsi qu'il suit :

Le matin, les décurions feront réciter de huit heures à huit heures trois quarts un auteur latin et la grammaire latine ou grecque; le professeur vérifiera les copies ramassées par les décurions ainsi que les notes qu'ils ont données; puis on expliquera, tous les deux jours, alternativement, à chaque division, ou tous les jours à toutes les deux et suivant ce qui a été fixé pour chacune d'elles, un peu de grammaire; ensuite des interrogatoires sur tout ce qui a été dit seront faits par le maître, ou par les élèves entre eux, au moyen de la concertation. Les jours où l'on ne verra pas de nouvelles règles à la classe du soir (et chacune de ces règles doit être apprise pendant plusieurs jours), on consacrera ce temps à divers exercices indiqués plus loin, règle 4.

De huit heures trois quarts à neuf heures un quart, on corrigera, à haute voix, les devoirs. De neuf heures un quart à dix heures, on répétera rapidement la dernière prélection d'auteur latin, on en expliquera une nouvelle. La dernière demi-heure sera consacrée à la langue française et aux accessoires.

Pendant la première heure de la classe du soir, on récitera un auteur latin et la grammaire. Le maître prendra connaissance des notes des décurions, corrigera les devoirs qui ne l'ont pas été le matin, ainsi que les nouveaux devoirs. Enfin, on repassera la dernière prélection de grammaire.

De trois à quatre heures, on expliquera et on repassera un auteur latin; on consacrera un peu plus d'un quart d'heure au grec, à moins que pendant la semaine on n'ait remplacé deux fois la prélection latine par la prélection grecque. En dernier lieu, on dictera un thème. La dernière demi-heure sera consacrée à la concertation, à la langue française et aux accessoires.

Dans la division inférieure on pourra remplacer le grec par la langue française.

3. Dans la correction des copies, le maître marquera les fautes contre les règles de la grammaire, l'orthographe, et la ponctuation. Il notera les difficultés que l'on a passées sous silence, il examinera tout conformément aux règles grammaticales, et il ne manquera pas, quand l'occasion se présentera, de répéter les déclinaisons et les conjugaisons.

4. Pendant que le maître corrigera les copies, les élèves

s'exerceront, par exemple, à traduire en latin, d'après les règles de la syntaxe, une dictée française ; à traduire en français un morceau de Cicéron, et à reproduire ensuite cette traduction en latin ; à extraire des règles de la grammaire qui viennent d'être expliquées, des questions douteuses, et des expressions dont ils proposeront la solution à leurs camarades ; ou bien à préparer et à composer des *concordances* ; à écrire du grec et autres choses du même genre.

Dans le nouveau ratio on supprime : 1° pendant que le maître corrigera les copies ; 2° au lieu de traduire un morceau de Cicéron on dit implement : un morceau d'auteur latin, et l'on ajoute, après au res choses du même genre, les détails suivants : Ces exercices pourront avoir lieu le matin à la place de la correction des devoirs à haute voix, ou le soir, à la seconde heure, ou à tout autre moment qui paraîtra plus convenable, et d'après les instructions du Préfet ; mais une fois par semaine au moins, on composera en classe pendant une heure entière.

5. En répétant une prélection, le maître saisira l'occasion de décliner, de conjuguer et d'exiger que la grammaire soit étudiée dans toutes ses parties.

6. La prélection de Cicéron qui ne dépassera pas quatre lignes se fera de la manière suivante :

1° On lira le passage tout entier et on en fera connaître le sujet rapidement en français.

2° On expliquera, en français, la phrase latine, mot à mot.

3° On reviendra au commencement du texte, on en montrera la construction ; on fera voir les différents membres de phrase et les cas régis par les verbes ; on examinera tout d'après les règles de la grammaire qui ont été expliquées. Le maître ne fera sur le latin qu'une ou deux observations très faciles ; il montrera les métaphores en citant des exemples de choses très connues ; il ne dictera rien si ce n'est, par hasard, quelque sujet de devoir.

4° Il fera le bon français du morceau expliqué.

Le nouveau ratio apporte à cet article dont le fond est presque le même les quelques modifications suivantes : à la première ligne, au lieu de la prélection de Cicéron, qui ne doit pas dépasser 4 lignes, il met :
La prélection des auteurs qui doit être courte se fera ainsi : etc.

7. On dictera en français un thème à traduire en latin d'une manière claire; ce thème n'aura pas plus de quatre lignes; il se rapportera de préférence aux règles de la grammaire; de temps en temps on ajoutera à ce devoir une courte version de Cicéron, ou une expression à traduire d'après une règle de la syntaxe, ou quelque chose à apprendre dans les rudiments grecs ou toute autre chose du même genre.

Cet article est presque le même dans les deux ratio, seulement, le nouveau ratio dit simplement : on dictera un thème, sans ajouter qu'il n'aura pas plus de 4 lignes, et de même pour la version, au lieu de dire : ce sera une version de Cicéron, il dit simplement : une version tirée d'auteurs latins.

8. La prélection de la grammaire se fera sur chaque règle prise une à une; on ne passera à une nouvelle règle que tout autant que les précédentes auront été bien comprises.

9. La concertation ou exercice littéraire consistera soit à signaler les fautes qu'un élève aura remarquées dans le devoir d'un autre condisciple; soit à proposer des questions sur lesquelles on s'est exercé pendant la première heure; soit à traduire en latin des expressions françaises suivant les règles de la syntaxe (on fera en sorte que l'élève interrogé répète dans les mêmes termes, et sur-le-champ, l'expression proposée, et qu'après un peu de réflexion, il la traduise tout entière et d'un seul coup en latin); soit à décliner les noms et à conjuguer les verbes les plus difficiles qui se sont présentés, surtout dans la prélection, tels que ceux dont les cas ou les temps sont réguliers ou irréguliers, et ceux qui sont détournés de leur sens propre par l'adjonction d'un adjectif, d'un substantif ou d'un pronom; soit à donner des définitions de règles, et des exemples; soit à traduire des mots latins en français, ou bien des mots français en latin, et cela rapidement; soit à mettre au passif des verbes actifs, soit à étudier les prétérits, les supins; soit à indiquer les genres et les cas de noms que l'on propose, et autres choses semblables, au gré du professeur.

RÈGLES DES SCOLASTIQUES DE NOTRE SOCIÉTÉ

1. Nos Scolastiques s'efforceront par-dessus tout de conserver la pureté de l'âme, et de n'avoir dans leurs études que des intentions droites ; ne cherchant en elles que la gloire de Dieu et le bien des âmes. Ils demanderont souvent dans leurs prières, la grâce divine pour avancer dans la science, devenir par leur propre exemple et leur savoir, capables, ainsi que la Société l'attend d'eux, de cultiver la vigne de Notre Seigneur Jésus-Christ.

2. Ils prendront la résolution d'appliquer sérieusement, et avec persévérance, leur esprit à l'étude ; et de même qu'ils doivent se garder de laisser refroidir en eux, par leur ardeur pour la science, l'amour des solides vertus et de la vie religieuse, de même ils doivent se persuader qu'ils ne peuvent rien faire de plus agréable à Dieu, dans les collèges, que de se consacrer à l'étude, et d'être animés des intentions dont nous venons de parler. Et, quand même ils ne devraient jamais se servir de ce qu'ils ont appris, ils estimeront en eux-mêmes que ces études entreprises, comme il convient, par obéissance et par charité, sont une œuvre méritoire aux yeux de la Suprême et Divine Majesté.

3. Chacun d'eux s'occupera des facultés et suivra les leçons des professeurs que le Supérieur lui assignera ; ils se conformeront tous ensemble à l'emploi du temps indiqué par le Préfet ou par le maître, ainsi qu'à la manière d'étudier. Ils ne se serviront que des livres donnés par le Préfet.

4. Ils seront assidus aux leçons, ils s'y prépareront avec soin, et quand ils les auront suivies, ils les répéteront. On les interrogera sur ce qu'ils n'auront pas compris ; ils noteront les choses importantes, nécessaires, afin de pouvoir, dans la suite, suppléer u défaut de leur mémoire.

5. Ils assisteront aux disputes ordinaires des classes qu'ils

suivent, et ils auront soin de donner, avec modestie cependant, un aperçu de leur savoir.

6. Tous assisteront en outre aux disputes et aux répétitions privées et quotidiennes, et ceux qui disputeront obéiront religieusement au Président de l'exercice.

7. Quand on ira en classe, les Scolastiques s'y rendront et en reviendront avec cette modestie intérieure et extérieure qui convient à notre propre édification et à celle du prochain.

8. Les conversations de ceux qui ont la permission de parler avec les externes ne rouleront que sur ce qui se rapporte aux lettres et au bien de l'esprit, ainsi qu'aux questions généralement estimées comme étant les plus utiles à la plus grande gloire de Dieu.

9. Tous les Scolastiques, mais particulièrement ceux qui étudient les belles-lettres, parleront latin.

Ils n'oublieront pas ce que leurs maîtres leur auront prescrit, et ils s'exerceront avec soin dans leurs compositions à écrire en bon style.

10. On ne pourra lire ou écrire plus de deux heures, et l'on interrompra le travail par un petit intervalle de repos.

11. Pendant les heures attribuées aux études privées, les Scolastiques des facultés supérieures reliront en particulier, à l'intérieur, ce qu'ils ont écrit en classe, et ils mettront tout leur soin à le bien comprendre. Quand ils l'auront compris, ils l'examineront de manière à se faire à eux-mêmes des objections et à les résoudre; s'ils ne peuvent pas les résoudre, ils en prendront note pour en faire le sujet d'interrogations et de disputes.

RÈGLEMENT DE CEUX QUI FONT DES ÉTUDES PARTICULIÈRES ET RÉPÈTENT LEUR THÉOLOGIE PENDANT DEUX ANS

1. A l'exception des règles qui se rapportent aux leçons des classes et aux répétitions, les théologiens à qui est accordé le *biennium* suivront les mêmes règles que les Scolastiques. Ils

auront particulièrement soin de ne pas laisser refroidir en eux l'amour des solides vertus par leur ardeur pour l'étude.

2. Comme les autres élèves de théologie, ils assisteront à la conférence des cas de conscience, à tous les actes, ainsi qu'aux disputes mensuelles.

3. Non seulement ils devront assister aux disputes mensuelles des philosophes, mais ils pourront encore reprendre les arguments qui ont été développés; ils en feront de même pour les disputes hebdomadaires des théologiens, si les maitres n'y assistent pas.

4. En raison de leurs études et des heures dont le Préfet leur a désigné l'emploi, ils auront soin d'étudier à fond les matières qu'ils n'ont apprises jusqu'alors que d'une manière sommaire, ils se serviront des meilleurs commentaires sur ces matières.

5. Ils s'appliqueront ensuite aux principales discussions qui ont eu lieu sur la théologie entière, par exemple, sur la première partie de la vision en Dieu, sur la science, la prédestination, la trinité; sur les autres parties, soit en examinant avec soin ce qui a été écrit par d'autres théologiens, soit en traitant eux-mêmes certains chapitres et certains principes de théologie d'où dépend une série de questions importantes. On aura le plus grand soin de ne pas toucher à tout ce qui est établi par la doctrine de saint Thomas qui doit être suivie par notre Société.

6. Conformément au règlement, ils écriront dans la forme scolastique quelques questions avec les bases, les conclusions et les solutions des objections comme s'ils devaient en faire une prélection en classe, et tous les mois, ou tout au moins tous les deux mois, ils les remettront au Préfet des études pour en recevoir une direction.

Ce numéro est le même dans les deux ratio, si ce n'est que le nouveau supprime la première partie de la vision en Dieu, la science, la prédestination, la trinité.

7. Il pourra, de temps en temps, y avoir des leçons de ce genre, soit en particulier, en présence de nos docteurs, soit pendant les répétitions de théologie et durant trois quarts d'heure environ, pour que nos Pères qui y assisteront puissent argumenter,

ou bien encore, si on le trouve utile, elles auront lieu au réfectoire.

8. Ils pourront traiter des questions semblables sur quelque matière célèbre qu'on achèvera en dix prélections tout au plus, dans la classe et à l'heure où pourront venir les élèves de théologie qui voudront y assister.

9. On leur fixera les époques pour les quatre actes particuliers et l'acte général qu'ils doivent soutenir. Le premier acte particulier aura lieu au commencement du premier semestre, le second à la fin; c'est ainsi que l'on procédera pour chaque semestre, de manière que l'acte général termine le dernier semestre.

10. Ils auront la liberté de ne pas adopter dans leurs actes l'opinion de leurs maîtres, de soutenir la leur si cela leur plaît, pourvu qu'elle ne soit en aucune manière en désaccord avec la doctrine de saint Thomas, suivant le décret de la cinquième Congrégation. Ils doivent dans tous les cas se mettre d'accord, en temps et lieu, avec le Préfet et avec celui qui doit présider, non seulement sur les idées mêmes, mais encore sur les bases et les principes qu'ils donnent aux idées qu'ils veulent soutenir.

Bien plus, pour qu'ils puissent donner un aperçu de leur talent, le Président leur permettra de répondre librement; il ne les interpellera que lorsque cela sera tout à fait nécessaire.

11. Ils doivent comprendre que pendant ces deux années leur devoir est de se préoccuper non seulement de connaître à fond la théologie, mais encore d'acquérir complètement, comme il convient à un théologien, l'érudition ecclésiastique.

12. C'est pourquoi ils consacreront, tous les jours, un temps déterminé pour lire avec le plus grand soin l'Écriture sainte, les conciles, les controverses et les Canons.

Ils annoteront avec ordre ce qui leur paraîtra digne d'être annoté, cependant ils ne prépareront rien pour en faire des sermons prononcés en public. Mais, de temps en temps, ils pourront lire un extrait de leurs travaux soit au réfectoire, soit ailleurs, suivant que le Supérieur le jugera à propos.

13. Quand ils étudieront les Canons, ils pourront passer sous silence la partie judiciaire et ne s'attacher qu'à la partie ecclésiastique.

Le nouveau ratio ajoute :

À moins que le Préfet général n'ait décidé autrement, suivant le décret 30 de la xvi° Congrégation.

14. Ils s'appliqueront spécialement à l'étude pour laquelle ils se sentent le plus portés, après avoir soigneusement fait part de leur vocation au Supérieur; cependant ils n'omettront dans les autres études rien de ce qui est de règle obligatoire.

RÈGLES DE L'AIDE DU MAITRE OU BEDEAU

1. Son office consistera à exécuter avec soin tous les ordres du maître, surtout en ce qui concerne les exercices des classes.

2. Il aura soin que la classe et la chaire du maître soient toujours très propres; qu'il y ait quelque tableau pieux suspendu; qu'il y ait assez de bancs, qu'ils soient toujours propres et bien rangés. Il remettra en bon état ce qui a été brisé ou abimé. Il aura soin que les Nôtres aient des bancs qui leur soient particuliers, que les externes aient des bancs séparés des auditeurs appartenant au clergé, que les classes soient ouvertes à l'heure fixe.

3. Il avertira à temps ceux qui doivent disputer, répéter, soutenir des thèses et faire toutes autres choses du même genre, ainsi que le maître l'aura décidé.

4. Il préviendra, sept jours à l'avance, ceux qui doivent soutenir des thèses hebdomadaires; il aura soin que les propositions de ces thèses soient inscrites en temps utile. Il les portera d'abord à corriger au maître, puis au Préfet qui les revisera. Quand elles auront été corrigées et revisées, il préviendra celui qui doit soutenir la thèse d'apporter le nombre d'exemplaires nécessaires. Il affichera le matin et la veille du jour où la thèse doit être soutenue un exemplaire de cette thèse parfaitement écrit. Il distribuera les autres exemplaires à ceux qui doivent prendre part à la soutenance.

5. Il aura toujours une montre soit pour les leçons, soit pour les disputes; il préviendra à point, soit le Préfet, soit le maître, du temps qui s'est écoulé, afin que chacun ait pour disputer ce qui lui est accordé d'après l'ordre du Préfet, et il donnera aux disputants le signal soit du commencement, soit de la fin de la dispute.

6. Il aura soin, suivant la coutume des académies, d'orner la classe ou la grande salle pour les actes publics et d'indiquer aux personnes invitées aux actes ou aux disputes, soit pour argumenter, soit pour les honorer comme assistants, la place qu'ils doivent occuper.

7. S'il a noté qu'un des Nôtres est absent aux prélections, aux répétitions, aux disputes, ou qu'il a omis quelque chose relativement aux études ou à la discipline des mœurs, il en référera au Supérieur.

RÈGLES DES ÉLÈVES EXTERNES DE LA SOCIÉTÉ

1. Ceux qui, pour s'instruire, fréquentent les collèges de la Société de Jésus, comprendront qu'avec l'aide de Dieu, on ne s'occupera pas moins, en tenant compte du possible, de leur inspirer la piété et les autres vertus que d'en faire des élèves distingués.

2. Chaque élève, après examen, ira dans la classe qui lui aura été assignée par le Préfet.

3. Tous les mois, au moins, tous les externes se confesseront. Ils assisteront à la messe, tous les jours, à l'heure fixée, et les jours de fête au sermon dans une attitude convenable.

4. Chaque semaine, tous les externes assisteront à l'explication du catéchisme; ils en apprendront l'abrégé, ainsi que cela aura été réglé par les maîtres.

5. Aucun de nos élèves ne doit entrer au collège avec des armes, de petites épées, des couteaux ou tout autre objet de

ce genre, qui sont défendus, suivant les lieux et les circonstances.

6. Ils s'abstiendront de tous juremens, outrages, injures, dénigrement, mensonges et jeux défendus. Ils ne fréquenteront pas les mauvais lieux, ceux interdits par le Préfet des études; ils s'abstiendront enfin de tout ce qui est contraire à la morale.

7. Ils doivent comprendre qu'en ce qui touche les mœurs et les études honnêtes, lorsqu'il y sera fait de graves infractions, lorsque les ordres et les avertissements n'auront servi à rien, le devoir des maîtres est d'employer l'office du correcteur (*le nouveau ratio, au lieu de correcteurs et de châtiments, met* : des peines sévères) pour punir les délinquants. S'ils refusent de subir ce châtiment, ou s'ils ne donnent pas l'espoir d'une meilleure conduite, ou bien s'ils sont dangereux par les exemples qu'ils donnent, ou s'ils sont insupportables pour leurs condisciples, qu'ils sachent qu'on doit les renvoyer.

8. L'obéissance aux maîtres est obligatoire pour tous et pour chacun, et soit en classe, soit en particulier, ils doivent se conformer avec le plus grand soin à la manière d'étudier prescrite par le maître.

9. Ils doivent s'appliquer sérieusement et avec persévérance à leurs études; être assidus à la classe du matin, écouter, repasser avec soin les prélections, et ne pas manquer aux autres exercices. S'ils éprouvent quelques difficultés ou quelque doute, ils consulteront le maître.

10. En classe, ils n'iront pas de côté et d'autre, mais chacun restera sur son banc, à la place qui lui a été assignée, modestement, silencieusement et ne s'occupant que de ce qui le regarde. Ils ne sortiront pas de classe, à moins d'y être autorisés par le maître. Ils ne détérioreront pas leurs bancs, la chaire du maître, les sièges, les murs, les portes, les fenêtres ou toute autre chose, soit en peignant, en écrivant, en se servant du couteau ou de toute autre manière.

11. Ils éviteront de prendre les habitudes mauvaises ou suspectes d'autres condisciples; et ils ne fréquenteront que ceux dont l'exemple et les habitudes pourront leur être profitables pour leurs études et pour leur moralité.

12. Ils s'abstiendront complètement de lire des livres immoraux et futiles.

13. Ils n'iront pas au théâtre, aux comédies, aux jeux publics; ils n'assisteront pas aux supplices des condamnés si ce n'est à ceux des hérétiques.

Le nouveau ratio ne parle plus des hérétiques et dit simplement : ils n'assisteront pas aux supplices des condamnés.

Ils ne rempliront sur une scène étrangère aucun rôle, à mo ns d'y être autorisés par leurs maîtres ou par le Préfet du collège.

Relativement aux spectacles, le nouveau ratio dit : ils ne rempliront aucun rôle sur une scène étrangère, pas même sur une scène de famille ou privée, à moins d'y être autorisés, etc.

14. Ils s'efforceront de conserver un cœur pur et sans tache, d'observer avec le plus grand soin les commandements de Dieu, de se recommander souvent à Dieu, à la Très Sainte Vierge et aux autres saints mentalement; d'implorer assidument l'aide des anges, et principalement de leur ange gardien, et d'observer en tous lieux, à la chapelle et principalement en classe, une grande modestie.

15. Enfin, dans toutes leurs actions, ils se comporteront de telle manière que n'importe qui comprenne facilement qu'ils ne cherchent pas moins à être vertueux, à mener une vie honnête, qu'à s'appliquer à la science et aux belles-lettres.

RÈGLES DE L'ACADÉMIE

1. Par Académie nous entendons une réunion choisie de personnes studieuses, animées d'une grande piété, prises parmi tous les Scolastiques s'assemblant, sous la présidence d'un Préfet de notre Société, pour se livrer à des exercices particuliers concernant les études.

2. Font partie de ces réunions tous ceux qui appartiennent à la Congrégation de la Sainte Vierge, par cela même qu'ils y ont été reçus, ainsi que les religieux, s'il en est quelques-uns qui fréquentent nos classes. Du reste, là où l'usage le permet, si le Recteur le juge à propos, on pourra admettre d'autres membres qui n'appartiennent pas à la Congrégation, et qui ne sont pas du nombre de nos Scolastiques.

3. Les académiciens doivent l'emporter sur tous les autres élèves par leur vertu chrétienne, leur piété, leur application à l'étude, leur observation des règlements scolaires et le bon exemple qu'ils donnent.

4. Le Recteur mettra à la tête de chaque académie un Directeur capable, pris parmi les maîtres ou parmi d'autres membres de notre Société.

5. Les théologiens et les philosophes pourront ne faire qu'une seule académie; dans une autre se trouveront les rhétoriciens et les humanistes; dans une troisième tous les grammairiens, s'ils ne sont pas trop nombreux et de savoir trop inégal, pour être en état de profiter des mêmes exercices. Autrement, chaque classe pourra avoir son académie particulière.

6. C'est par l'assiduité des académiciens et le zèle dont ils font preuve pour les exercices, que l'académie produit de bons résultats. C'est pourquoi, si quelques membres s'absentent trop souvent, et refusent, à leur tour, de prendre part aux exercices, surtout, si par leur turbulence ils sont pour les autres une cause de trouble et de dispute, on les renverra.

7. Les magistrats qui, dans chaque académie, sont élus tous les trois ou quatre mois par bulletin secret à la pluralité des suffrages sont : le Recteur de l'académie, deux Conseillers et un Secrétaire. On pourra ajouter d'autres secrétaires suivant le nombre des académiciens, distribuer les charges conformément aux coutumes du pays, et d'après l'avis du Recteur du collège.

8. Dans l'académie de théologie, le Recteur sera le plus souvent un théologien; si l'on jugeait à propos d'élire parfois un philosophe, qu'il soit au moins un métaphysicien, élève de dernière année.

Dans l'académie de rhétorique et dans celle de grammaire,

quand elles se composent de plusieurs classes, on élira le plus
souvent pour Recteur un membre pris dans la classe la plus
élevée, ou alternativement dans les deux classes, suivant l'avis
du Recteur du collège. On devra élire celui qui l'emporte sur
les autres par sa vertu, son intelligence et son savoir. Comme
son devoir est de faire progresser l'académie, et de surpasser
les autres par sa vertu et son application, il soutiendra, soit au
commencement, soit à la fin de son rectorat, un acte choisi
parmi les plus remarquables de l'académie. Le Recteur de l'académie de théologie pourra parfois, s'il est théologien, diriger,
en l'absence du maître, une controverse de philosophie, résu-
mer et presser les arguments des antagonistes.

9. Les Conseillers sont, pour le rang et pour l'honneur, très
près du Recteur. Pendant son absence, le premier conseiller le
remplacera; si le premier conseiller est absent, le deuxième
tiendra sa place; les fonctions dont ils seront chargés leur seront
assignées soit par le Directeur de l'académie, soit par le Recteur.

10. Le Secrétaire gardera soigneusement tous les livres de
l'académie; il écrira, sur un registre, les noms des académiciens
dans l'ordre de leur réception; il y inscrira aussi, et séparément,
les noms des magistrats élus, tous les actes de l'académie, sans
oublier les noms des académiciens qui ont fait quelques travaux. Il transcrira aussi les discours, les poésies, les vers des
rhétoriciens et des grammairiens qui ont été affichés et qui ont
été choisis par le Directeur.

*Le nouveau ratio ne mentionne pas les détails de composition, il dit
seulement* : Les travaux des théologiens et des philosophes.

Il préviendra à temps ceux qu'a désignés le Directeur, pour
qu'ils se préparent aux exercices auxquels ils doivent prendre
part, à moins que dans l'académie de théologie, il ne paraisse
nécessaire que le bedeau se charge de ce soin. A la fin de chaque séance, il annoncera publiquement les exercices qui auront
lieu à la séance suivante, ainsi que les personnes qui y prendront part. Il indiquera de bonne heure, en public, les thèses
à soutenir, et pour la rhétorique, les problèmes et les énigmes
dont on doit donner la solution.

11. Trois ou quatre fois par an, après la nomination du Recteur, tous les académiciens ou du moins les magistrats, avec le Directeur, se réuniront pour aviser aux progrès de l'académie, et supprimer ce qui pourrait les entraver.

Au lieu de trois ou quatre fois, le nouveau ratio dit : deux fois par an. *Le reste ne varie pas.*

12. On lira, soit dans ces réunions, soit avant l'élection du Recteur, les règles de l'académie écrites sur un tableau ou sur le registre de l'académie, qui renferme aussi tous les noms des académiciens.

RÈGLES DU PRÉFET DE L'ACADÉMIE

1. Il doit veiller aux progrès des académiciens dans la piété et non seulement dans les études ; il obtiendra ces résultats par l'exemple de ses vertus et par des examens particuliers quand l'occasion se présentera.

2. Il aura soin de faire observer rigoureusement les règles de l'académie, et il exigera des académiciens de l'assiduité et de l'application dans les exercices de tous les jours (*le nouveau ratio a supprimé* de tous les jours).

3. Il fera en sorte que tous les académiciens prennent part autant que possible, à leur tour, aux différents genres d'exercices.

4. Il respectera les usages reçus, et n'en introduira pas de nouveaux, sans l'autorisation du Recteur.

Il ne fera rien d'important, sans le communiquer au Recteur, et il exécutera avec diligence tout ce qui aura été prescrit.

Cet article, dans le nouveau ratio, commence ainsi : Le Directeur marchera sur les traces du maître. *Le reste de l'article est le même, sauf la dernière phrase ainsi conçue* : on observera dans la soutenance des conclusions la forme ordinaire des disputes littéraires.

Le nouveau ratio ajoute : Il ne sera pas hors de propos que les élèves qui doivent bientôt soutenir des actes généraux de théologie et de philosophie, ou qui exposeront des compositions comme spécimen de leur savoir, ou un acte solennel d'académie, s'y exercent fréquemment. Le Préfet les préviendra de ce qu'ils ont à faire, et il les dirigera pour qu'ils arrivent bien préparés à leur but.

5. Il répartira les heures où doivent avoir lieu à l'académie les répétitions, les disputes et autres exercices semblables, de manière à ne pas entraver les heures des Congrégations, et à donner aux académiciens toute facilité de prendre part aux deux exercices : c'est pourquoi, aux heures de Congrégation, on ne retiendra personne dans des entretiens particuliers et sans de graves motifs.

RÈGLES DE L'ACADÉMIE DES THÉOLOGIENS ET DES PHILOSOPHES

1. Les exercices de cette académie sont ordinairement de quatre sortes; ils comprennent : 1° les répétitions quotidiennes des prélections; 2° des disputes; 3° des prélections ou des problèmes; et 4° des actes solennels dont les conclusions sont soutenues en public.

2. Les répétitions dureront environ une heure tous les jours de classe, excepté les jours où il y a une dispute mensuelle. Ces répétitions auront lieu à l'heure la plus commode. Pendant le carême, on laissera libre au moins deux fois par semaine le temps du sermon.

3. Une classe de théologie et trois de philosophie auront des répétitions chacune séparément s'il y a autant de professeurs que de classes; un ou deux académiciens répéteront les leçons qu'ils ont entendues, et un ou deux argumenteront. Les répétitions de théologie seront présidées par le Préfet de l'académie, ou par son *socius* ou par un autre théologien de quatrième année, choisi parmi les plus distingués, et désigné par le Recteur du collège.

Pour les répétitions de philosophie, elles seront présidées

dans chaque classe par un théologien des Nôtres, que le Recteur désignera.

4. Les disputes auront lieu une fois par semaine, là où il y a peu d'académiciens; ou bien deux fois par semaine, là où il y a beaucoup d'élèves, et cela, les jours de congé, ou même le dimanche. Si elles ont lieu le dimanche, un seul philosophe soutiendra, pendant une heure après midi, sa thèse contre deux argumentants. Quand la dispute a lieu un jour de congé, deux ou trois élèves, savoir un théologien et des philosophes soutiendront des thèses pendant deux heures, contre un égal nombre, ou un plus grand nombre d'argumentants.

5. Si le théologien est seul soutenant, il proposera toujours quelques conclusions philosophiques; si c'est un métaphysicien il proposera des conclusions physiques et logiques; si c'est un physicien il proposera aussi des conclusions logiques.

Les théologiens argumenteront contre des théologiens, un élève de la classe immédiatement supérieure argumentera, en premier lieu, contre des philosophes, et celui qui argumentera en second lieu sera un de ses condisciples.

6. Dans les disputes philosophiques et théologiques, si le maître de l'élève qui soutient la thèse est présent, ce sera à lui de présider la dispute, sinon ce sera le Préfet de l'académie ou son *socius* qui présidera.

7. On pourra aussi, de temps en temps, faire des prélections où un académicien traitera savamment contre un ou deux argumentants une question qu'il aura travaillée soigneusement, ou bien, un problème ingénieux dont les raisons auront été exposées et solidement établies. Il sera nécessaire, avant de faire ces sortes de prélections, d'en donner connaissance au Préfet de l'académie et de les lui faire approuver.

8. Le Recteur de l'académie, à moins qu'il n'y ait quelque obstacle, ou bien un autre élève choisi par le Préfet pourra, de temps en temps, soutenir lui-même des actes solennels, à Noël, à Pâques, à la Pentecôte ou à une autre époque favorable. Dans ces actes, il soutiendra, sous la présidence de son maître, une thèse de théologie ou de philosophie qui comprendra quelques conclusions.

9. On veillera à ce que ces actes aient lieu avec une certaine solennité. Le soutenant débitera une préface et un épilogue dont le Préfet général des études prendra préalablement connaissance et qu'il autorisera comme tout ce qui doit être prononcé en public. Pour donner plus d'éclat à la dispute, on pourra y appeler des étrangers qui argumenteront et d'autres personnes qui se contenteront d'écouter.

10. Un mois environ avant que l'année scolaire recommence, si le Recteur l'approuve, ceux qui doivent entrer en philosophie en entendront pendant quinze jours au moins l'introduction ou l'abrégé fait par un des Nôtres que choisira le Recteur, ou par un académicien, que désignera le Préfet.

11. Le Préfet de l'académie et le maître du soutenant prendront connaissance de toutes les conclusions des actes solennels et des disputes hebdomadaires avant qu'elles soient soutenues ou affichées.

Nota. — *Le texte de ce chapitre étant dans le nouveau ratio presque tout différent du texte de l'ancien nous reproduisons le nouveau texte dans son entier.*

1. Les exercices de cette académie sont ordinairement de trois genres : 1° les prélections ou les dissertations ou les problèmes; 2° les répétitions; 3° les actes solennels dont les conclusions sont soutenues en public.

2. Les académiciens se réuniront une ou deux fois par semaine, au jour et au lieu indiqués par le Recteur du collège.

3. Dans les prélections qui doivent être les exercices ordinaires de l'académie, un académicien traitera savamment en chaire une question tirée de son propre fonds, et travaillée soigneusement, ou bien un problème ingénieux. Il exposera les raisons qui peuvent être avancées de part et d'autre; deux argumentants les soutiendront; chacun d'eux pourra exprimer son opinion, et les remarques examinées et approuvées à la suite de la discussion seront inscrites avec la dissertation objet de la prélection, sur le livre de l'académie.

4. Quand les répétitions auront pour objet une question grave ou un traité important, elles se feront dans un style plus large; on mettra de côté la sévérité de la forme scolastique afin de montrer sous un seul et même aspect la liaison des faits, et faire apprécier la force des arguments.

5. *Cet alinéa est le même que l'alinéa 8 de l'ancien ratio. Seulement le nouveau ratio le termine par cette phrase :* Dans ces actes on observera la forme scolastique.

6. *Cet article ne diffère en rien de l'article de l'ancien ratio : qu'on s'y reporte.*

7. Pour que les académiciens s'habituent à exprimer en français ce qu'ils ont appris dans les classes, il sera utile que ces exercices aient quelquefois lieu en français; en théologie, on ne choisira pas les matières sans l'autorisation du Supérieur.

8. Avant de les annoncer et de les afficher, tous les exercices solennels ou ordinaires seront examinés et autorisés par le Préfet de l'académie et par le maître particulier de la classe à laquelle appartiennent les argumentants.

Nota. — *Ainsi qu'on le voit, les articles du nouveau ratio sont en moins grand nombre que ceux de l'ancien.*

RÈGLES DU PRÉFET DE L'ACADÉMIE DE THÉOLOGIE ET DE PHILOSOPHIE

Le nouveau ratio a supprimé tout ce chapitre.

1. Outre les règles générales et communes à tous les Préfets d'académie dont il a été parlé, le Préfet de l'académie de théologie et de philosophie veillera encore à ce que dans les répétitions quotidiennes on conserve la même forme de répéter, d'argumenter et de disputer, ainsi que la manière employée par les Nôtres dans les répétitions à l'intérieur. On suivra ce qui se fait habituellement dans la soutenance des actes et des conclusions.

2. Il inspectera souvent les répétitions, tantôt celles-ci, tantôt celles-là. Il veillera à ce que les élèves y fassent preuve de zèle et de bonne tenue, à ce que les répétiteurs s'acquittent bien de leur devoir; il les dirigera quand il le faudra.

3. Il ne sera pas inutile d'exercer plus souvent que les autres ceux qui doivent prochainement soutenir les questions du cours de philosophie ou de théologie, ou qui doivent soutenir un acte académique. Le Préfet donnera des avis et des directions pour qu'ils arrivent bien armés à leur but.

4. Si le Recteur lui donne un assistant, il pourra répartir son travail et ses soins de manière à lui confier les répétitions de théologie, si rien ne s'y oppose; à présider alternativement avec lui les disputes, surtout pendant les jours de congé; à

faire enfin concurremment avec lui, suivant que le besoin se
fera sentir, toutes les autres choses relatives aux conclusions
quotidiennes et aux autres actes extraordinaires.

RÈGLES DE L'ACADÉMIE DE RHÉTORIQUE
ET D'HUMANITÉS

1. Le dimanche, ou un jour de congé, si on le trouve plus
commode, les académiciens se réuniront dans le local désigné
par le Recteur du collège.

2. Les exercices de cette académie seront les suivants :
Le Directeur, selon qu'il le trouvera utile, fera tantôt des
leçons, ou bien des questions sur un auteur ou sur un sujet
qu'il aura choisi, ou bien il donnera des préceptes d'éloquence
tirés d'Aristote, de Cicéron et d'autres rhéteurs. Tantôt il parcourra un auteur sur lequel discuteront les académiciens ; tantôt
il leur proposera des problèmes à résoudre et autres choses de
ce genre.

3. Souvent encore, en dehors des exercices dont nous venons
de parler, les académiciens eux-mêmes feront des discours, des
vers, des déclamations, soit de mémoire, soit d'abondance ; tantôt
ils inventeront des causes où ils prendront alternativement le
rôle d'accusateurs et de défenseurs ; tantôt ils feront des leçons
où deux élèves disputeront contre celui qui fait la leçon ; tantôt
ils soutiendront des thèses et attaqueront plutôt à la façon d'un
orateur que d'un dialecticien ; tantôt ils composeront des
emblèmes et des insignes sur un certain sujet, des inscriptions,
des descriptions, des énigmes dont ils donneront la solution ;
tantôt chacun d'eux s'exercera à l'invention, improvisera ou
cherchera des lieux communs de confirmation sur un sujet
donné ; tantôt, à propos de l'élocution, ils examineront quelles sont
les figures de mots et les figures de pensées appropriées au
sujet qu'ils ont inventé ; tantôt ils rédigeront des sujets de dialogues, de poèmes, de tragédies ; tantôt ils imiteront le discours

entier d'un orateur célèbre, ou le poème d'un poète ; tantôt ils composeront quelque symbole, de manière que chacun apporte son avis sur un sujet donné ; tantôt chacun d'eux extraira d'un auteur qu'on lui aura donné, des pensées et des phrases ; tantôt enfin on s'exercera à tout ce qui peut rendre éloquent.

4. Il est bon que le Recteur de l'académie donne de temps en temps une certaine pompe à quelques-uns de ces exercices, les plus brillants, tels que les prélections, les déclamations, les soutenances de thèses, et qu'il y invite beaucoup d'assistants pour en relever l'éclat.

5. On pourra de temps en temps donner des récompenses particulières à ceux dont le style est le meilleur, ou bien à ceux qui ont le mieux récité, ou qui ont résolu des problèmes ou des énigmes.

6. On pourra de même, une fois par an, distribuer des récompenses plus solennelles à tous les académiciens réunis, soit en recourant à une contribution, soit en usant de tout autre moyen qui plaira davantage au Recteur du collège.

7. Une fois par an au moins, on célébrera une fête de la Sainte Vierge que le Recteur du collège établira et qui sera embellie par un discours, un poème, des vers affichés sur les murs, des emblèmes et diverses compositions remarquables.

Le texte du nouveau ratio étant pour ce chapitre entièrement différent du texte de l'ancien ratio, nous reproduisons le nouveau texte dans son entier.

4. Toutes les semaines, ou tout au moins deux fois par mois, on se réunira au jour et dans le lieu désignés par le Recteur du collège, et toujours sous la présidence du Directeur de l'académie.

Les exercices de cette académie, que l'on devra varier suivant les circonstances, seront les suivants. 1° On lira quelques-unes des règles de rhétorique ou de poésie les moins connues ; alors chacun, suivant ses moyens, parlera d'après les notes qu'il aura prises, et il citera, pour rendre les règles bien intelligibles, des exemples tirés de bons auteurs. 2° On déclamera un sujet pris dans les orateurs et les poètes, et les assistants feront des observations relativement à la voix, au geste, enfin à toute l'action. 3° On fera la prélection d'un passage remarquable d'auteur latin, grec ou français. 4° On lira quelques lettres que l'on aura composées à l'imitation des meilleurs écrivains, des narrations, des descriptions, des discours, des inscriptions, des emblèmes ou des vers. 5° Chacun émettra son avis sur un sujet proposé, ou bien donnera la solution d'une question se rapportant à ses études. On exposera de part et d'autre ses raisons, on réglera l'action dans la forme juridique, les uns défendront la cause, les autres l'attaqueront, et un juge terminera le débat en se prononçant suivant ce qui lui paraîtra juste. 6° On lira des analyses de discours dont le style ne sera pas sec et maigre, mais au contraire élégant et prouvant une sérieuse préparation. 7° Les élèves s'exerceront tantôt à trouver sur un sujet donné, soit à l'improviste, soit après y avoir réfléchi, des lieux communs de confirmation et de réfutation; tantôt, relativement à la disposition, ils rangeront ce qui se rapporte aux preuves, aux passions; tantôt, en ce qui concerne l'élocution, ils approprieront au sujet donné les figures de mots et les figures de pensées. 8° Ils écriront, suivant les règles, les arguments à employer dans différentes compositions. 9° On distribuera les livres d'un auteur et chacun des académiciens n'exposera pas seulement les idées qu'ils renferment, mais il les éclairera encore par un commentaire; enfin ils s'exerceront à tout ce qui peut donner de l'éloquence et à tout ce dont elle est la source.

Le Directeur produira de temps en temps quelque chose de lui-même et dirigera tout l'exercice.

3. Trois ou quatre fois par an, le Recteur de l'académie donnera de la pompe à quelques-uns de ces exercices qui auront lieu avec un certain apparat, et un grand nombre d'assistants en relèveront l'éclat.

4. On pourra, de temps en temps, donner des récompenses à ceux qui se sont le plus distingués dans ces exercices académiques, soit que les dépenses soient acquittées par des contributions, ou de toute autre manière qui conviendra au Recteur du collège.

5. Une fois par an, au moins, on célébrera en l'honneur de la Bienheureuse Vierge Marie, ou du patron de l'académie, une fête dont le Recteur réglera les dispositions, et cette fête sera embellie par le débit d'un discours, de vers qu'on affichera sur les murs, d'emblèmes, et par différents autres exercices intéressants.

RÈGLES DE L'ACADÉMIE DE GRAMMAIRE

1. Le Directeur, devançant le plus souvent certaines parties de la grammaire que les élèves verront en classe, fera la prélection d'un auteur élégant et agréable; ou bien il y aura un exercice sur ce qui a été vu en classe.

2. Au commencement de la séance, un élève qui s'y est préparé s'avancera pour répondre sur ce qui a été dit dans la dernière réunion. Trois élèves ou plus encore pourront lui proposer

des questions douteuses à résoudre, ou des phrases françaises à traduire en latin, ou des expressions latines à traduire en français. On repassera de même et sans préparation la prélection donnée par le maître.

3. On concertera souvent et avec ardeur; on s'exercera parfois au style, à développer la mémoire, à tourner des phrases; on proposera quelques questions sur la grammaire grecque, les versions et les accessoires. On fera d'autres choses du même genre conformément aux instructions du Directeur.

4. Quelques-uns, de temps en temps, ou même tous prépareront quelque court apophtegme ou quelque fait qu'ils raconteront de mémoire.

5. De temps en temps, ils répéteront sur une estrade les prélections que le professeur leur a faites en classe, en y ajoutant un petit exorde ou quelques notes si on le juge utile.

6. Il sera bon que de temps en temps les académiciens et surtout le Recteur de l'académie fassent quelques prélections avec plus d'éclat, et en y invitant plus de monde. On y ajoutera une concertation entre deux ou trois élèves, et si l'on veut, on distribuera des récompenses.

7. A la place d'une punition, le Directeur pourra donner un devoir littéraire à faire et proclamer en public les noms de ceux qui se sont mal conduits et n'ont pas fait preuve d'application.

8. Enfin, il faut varier les exercices qui, pour être utiles, doivent en même temps être agréables, et avoir un certain éclat, afin que le plaisir qu'ils y trouvent, engage les académiciens à travailler de plus en plus.

FIN

Coulommiers. — Imprimerie PAUL BRODARD.

www.ingramcontent.com/pod-product-compliance
Lightning Source LLC
Chambersburg PA
CBHW072232270326
41930CB00010B/2095